博物馆
教育理论与实践

图书在版编目（CIP）数据

博物馆教育理论与实践/刘雅著. —北京：知识产权出版社，2024.1
ISBN 978-7-5130-8976-0

Ⅰ. ①博… Ⅱ. ①刘… Ⅲ. ①博物馆-社会教育-研究 Ⅳ. ①G266

中国国家版本馆 CIP 数据核字（2023）第 219347 号

内容提要

博物馆发展至今已经有 2000 多年的历史，它处于一个不断生长变化的状态，人类既创造了它，又不断刷新着对它的认识。20 世纪后，博物馆的教育功能日益凸显，博物馆逐渐发展成为重要的校外非正式学习机构，协同学校共同育人。博物馆的教育吸收采用了很多教育学理论，在博物馆这个独具特色的空间内开展着实践。本书先从当代博物馆的构成、功能、特点等入手，结合教育学理论和实践案例全面阐述了博物馆的教育功能，以及博物馆教育的对象、活动、课程、实施、评价等内容。

责任编辑：彭喜英　　　　　　　　责任印制：孙婷婷

博物馆教育理论与实践
BOWUGUAN JIAOYU LILUN YU SHIJIAN

刘　雅 著

出版发行：	知识产权出版社有限责任公司	网　址：	http://www.ipph.cn
电　话：	010-82004826		http://www.laichushu.com
社　址：	北京市海淀区气象路 50 号院	邮　编：	100081
责编电话：	010-82000860 转 8539	责编邮箱：	laichushu@cnipr.com
发行电话：	010-82000860 转 8101	发行传真：	010-82000893
印　刷：	北京中献拓方科技发展有限公司	经　销：	新华书店、各大网上书店及相关专业书店
开　本：	720mm×1000mm　1/16	印　张：	10.75
版　次：	2024 年 1 月第 1 版	印　次：	2024 年 1 月第 1 次印刷
字　数：	166 千字	定　价：	68.00 元

ISBN 978-7-5130-8976-0

出版权专有　侵权必究

如有印装质量问题，本社负责调换。

前言

2013年，笔者被调到国家图书馆展览部工作，当时正是为国家典籍博物馆（位于国家图书馆南区）开馆进行全面筹备的忙碌期。2014年9月，国家典籍博物馆正式对外开放。它是国内首家国家级典籍博物馆，是中华典籍文物的收藏中心，典籍文化的展示中心、交流中心、研究中心和保护中心。依托国家图书馆的宏富馆藏，国家典籍博物馆举办了"中国古代典籍简史""敦煌遗书""金石拓片""中国少数民族文字古籍""西文善本""中华传统文化典籍保护传承大展""珠还合浦 历劫重光——《永乐大典》的回归和再造"等重要展览。这些展览精心陈列，展出了各种形式难得一见的典籍瑰宝，还结合多媒体展示、沉浸式体验、互动式体验等手段，传播了典籍文化，展示了中国传统文化的博大精深，提升了观众的文化自信心和自豪感。

国家图书馆作为文化遗产的守护者，收藏着无数珍贵的具有历史、文化和科学价值的遗产，是一个知识殿堂和文化宝库。而国家典籍博物馆是一个知识、艺术、历史和文化相交融，值得去探索奇迹的场所，在这里，人们终于得以一窥这些久负盛名的宝贝。人们可以欣赏展品的美感、了解历史的沉淀、体验文化的厚重，从而丰富自己的知识储备、拓宽自己的视野，获得对生活、历史和文化的理解和启发。然而，仅仅陈列展品和提供参观并不能最大限度地激发观众的学习热情和思考能力，博物馆需要开展教育来发挥更大的作用。博物馆教育不仅是提供知识和信息，更重要的是通过多种形式的教育活动，引导观众进行深入的体验、互动和思考，从而启发他们的兴趣、探索欲望和创造力。

国家典籍博物馆的社会教育工作包括讲座、体验活动、亲子活动、研学、夏令营、冬令营等，充分结合展览和馆藏策划开发，形式多样，内容丰富。这些活动涵盖了不同年龄段、不同兴趣领域的人群，旨在激发观众的好奇心和探索欲望，促使他们进行多感官、多角度的观察，并通过体验、互动、参与、探索、研究等方式进行学习，从而让观众在博物馆中获得乐趣、成长和启发，以及帮助他们建立起对传统文化的理解和认知，并进而自觉地传承和发展传统文化。这些教育活动在受众中产生了广泛的影响和积极的反响，备受好评，国家图书馆也被评选为"全国中小学生研学实践教育基地""青少年中华优秀传统文化教育基地""北京市中小学生社会大课堂资源单位"等。

作为一位博物馆社会教育工作者，笔者深知博物馆的教育价值和潜力，也深深体会到博物馆的社会教育在推动文化传承与社会进步方面的重要性。经过几年的社会教育工作实践，笔者在博物馆教育方面积累了丰富的经验，也学习掌握了博物馆教育的相关理论知识，但还是会感觉到个人教育理论知识的不足。在博物馆社会教育的实践中，理论知识是指导工作、促进创新的重要依据，有必要进行进一步的理论学习。2019年，笔者考上了首都师范大学的教育学博士，开始了教育理论的深入学习。教育专业理论的学习使本人站在一个更高、更专业的视角来看待博物馆教育，运用教育学中的理论和方法，比如学习理论、教育心理学、社会认知理论等，指导社会教育活动，探讨如何更有效地设计和实施博物馆教育活动。在专业理论知识的指导下，我们的社会教育活动提高了教育实效，受到了观众的喜爱和好评。我们在激发青少年对历史文化知识的兴趣、促进跨学科知识的融合、培养青少年的创造力和综合素养等方面也做了积极探索，为青少年打造丰富多彩、有内涵的社会教育活动。

《博物馆教育理论与实践》就是在笔者近十年的社会教育工作积累中诞生的。书中既有国内外博物馆教育相关理论知识的分享，也有个人实践经验、博物馆教育领域的研究成果和案例的展示，还提供了一些活动策划和评估的实用指南，帮助读者在设计教育活动时更加系统和有效地进行规划与评估。这本书旨在促进读者深入理解博物馆教育的价值和意义，综合学习（博物馆）教育理论知识并探索如何将其运用到自己的工作中。

希望本书能够为博物馆教育工作者以及对博物馆教育感兴趣的人们提供有益的帮助和启发。祝本书的读者们身体健康，工作顺利！

刘　雅

2023 年 8 月 20 日

目 录

第一章　生长着的博物馆 ·· 1
　第一节　博物馆的发展历程 ·· 2
　第二节　博物馆的构成 ·· 12
　第三节　博物馆的特征 ·· 24

第二章　发展着的博物馆 ·· 28
　第一节　博物馆的功能概述 ·· 28
　第二节　教育：博物馆的核心功能 ···································· 36
　第三节　中国对博物馆教育功能的认识发展历程 ················ 47

第三章　博物馆的教育对象 ·· 53
　第一节　博物馆教育的全民性 ··· 54
　第二节　博物馆教育的终身性 ··· 60
　第三节　儿童与博物馆 ·· 63

第四章　博物馆教育活动 ·· 77
　第一节　博物馆教育活动的特点 ····································· 78
　第二节　博物馆教育活动的理论指导 ······························· 85
　第三节　博物馆教育活动案例 ·· 91

第五章　博物馆教育课程 ··· 97
第一节　博物馆教育资源课程化 ······························ 98
第二节　博物馆教育的课程理念 ······························ 103
第三节　博物馆课程设计 ··· 113
第四节　博物馆课程案例 ··· 122

第六章　博物馆教育的组织实施 ································ 132
第一节　博物馆教育的组织 ······································ 133
第二节　博物馆教育的实施 ······································ 138
第三节　馆校合作 ·· 145

第七章　博物馆教育评估 ·· 155
第一节　对博物馆教育评估的目的 ··························· 156
第二节　教育评估主体 ·· 157
第三节　博物馆教育评估的设计与实施 ···················· 158

参考文献 ··· 162

第一章　生长着的博物馆

　　博物馆是储藏着世界各民族记忆的文化机构，是人类文明进步的见证。博物馆的诞生，源于人类对收藏及知识的热爱与追求。收藏是人类的天性，早在原始社会晚期，人类就开始进行各种收藏、展示活动。随着人类活动范围逐渐扩大，能力越来越强，收藏的种类和数量都得到了提升，博物馆里的物品越来越丰富。人类对收藏品的利用也越来越深入，不仅收藏、展示，还在不停地研究这些收藏品，研究它们的历史、价值、发展变化等。正是在研究中，人类的好奇心得到满足，疑问得以解开，使之成为确定性的知识。人类历史上最早的博物馆——缪斯神庙，也是一个专门的研究机构，里面设有研究室，供学者们研究这些天文、艺术、医学、文化等方面的藏品。

　　人类从来没有停止过探索的脚步，人类文明在进一步发展，博物馆的数量不断增加，并且与社会的关系越来越密切，博物馆也发挥着越来越重要的作用。随着"自由、民主、平等"思想的深入人心，昔日"高冷"的博物馆逐渐向公众开放，博物馆在收藏、保管、研究的基础上增加了欣赏、学习、教育等功能。

　　人类对博物馆的认识和利用处于一个不断变化的过程，博物馆在人类的指引下也不断生长、蜕变。曾担任大都会艺术博物馆馆长的托马斯·P.F.霍文认为，博物馆拥有"巨大潜力，不仅能够促进现代社会的稳定与发展，而且能够提升其质量，并实现社会卓越发展"。历经几千年的漫长发展，现在，"逛博物馆"已经成为我们生活的一部分，我们走进各种博物馆，在接受了历史洗礼的文物前感慨，在现代数字技术打造的视觉盛宴中流连。我们在增强现实（AR）技术、虚拟现实（VR）技术中身临其境，与古人对话，与藏品亲密接触。博物馆，已经成为人类精神世界的一部分，也将发挥更大的作用。

第一节　博物馆的发展历程

博物馆——Museum 一词，源于希腊语 Mouseion，是指"古希腊时供奉缪斯女神的神圣场所及从事研究的处所"。缪斯女神是掌管史诗、音乐、情诗、演讲术、历史、悲剧、喜剧、舞蹈和天文的九位女神，从这个词我们就可以看出人类对博物馆的景仰之情。公元前 290 年左右，亚历山大大帝的部将托勒密·索托在埃及亚历山大里亚港口城市建立的亚历山大博学园中，创建了一座专门收藏文化珍品的缪斯神庙——亚历山大博物馆，它被公认为最早的博物馆。馆内常驻有很多著名学者开展研究工作，如阿基米德、阿波罗尼奥斯、厄拉多塞等，欧几里得也是在这里写出了《几何原理》。

Museum 成为博物馆的通用名称，则始于世界上最早的公共博物馆之一——阿什莫林博物馆（图 1-1）。此后，博物馆（Museum）成为收藏和展出文物、艺术品、标本等的机构。阿什莫林是英国的一位贵族，爱好收藏。17 世纪后期，他将毕生收藏的货币、艺术品、考古出土文物、武器、服饰、自然标本等悉数捐赠给牛津大学，建立了阿什莫林博物馆。阿什莫林博物馆是艺术和考古博物馆，也是世界上规模最大、藏品最丰富的一座大学博物馆，1683 年正式对外开放，开创了将私人收藏向公众和学者开放的先河。

17 世纪，在欧洲出现具有收藏、研究、展示功能的近代意义的博物馆后，全球博物馆事业进入了迅速发展时期。18 世纪，越来越多的博物馆正式对外开放，如卡比托利欧博物馆（图 1-2）、大英博物馆、卢浮宫（图 1-3）、莱顿植物园等。卡比托利欧博物馆建立于 1471 年，位于罗马斗兽场附近。1734 年正式向公众开放，藏品有提香、卡拉瓦乔和鲁本斯的珍贵代表作，马可·奥雷里奥骑马雕像等古典艺术品和考古学作品。卢浮宫是世界第一座国家艺术博物馆，始建于1204年，最初是用作防御的城堡。1527年和1546年，法兰西斯一世（弗朗索瓦一世：把卢浮宫从一座要塞式建筑变成了今天人们所见的艺术博物馆）两次命令拆除旧建筑，按文艺复兴时期的形制修建成王宫，并开始收藏绘画、雕刻等艺术珍品。路易十四时代，艺术藏品的总数从200件增加到2000件。1793年7月27日，巴黎卢浮宫改建为法兰西共和国艺术博物馆，组成专门委员会管理，并于同年8月10日向公众开放。

图 1-1　阿什莫林博物馆

（图片来源：http://www.ashmolean.org）

图 1-2　卡比托利欧博物馆

（图片来源：www.museicapitolini.org）

图 1-3　卢浮宫

（图片来源：https://www.louvre.fr）

梵蒂冈博物馆（图 1-4）位于世界上最小的国家梵蒂冈，早在公元 5 世纪就有了雏形。它由 12 个陈列馆与 5 个艺术长廊组成，汇集了古代文物和文艺复兴时期的艺术精华，收藏有来自埃及、希腊、罗马等地的诸多艺术珍宝，如拉斐尔的《雅典学院》、米开朗基罗的《最后的审判》、卡拉瓦乔的《基督下葬》等，蜚声全球。1771 年，梵蒂冈博物馆正式向公众开放。

图 1-4　梵蒂冈博物馆

（图片来源：https://www.museivaticani.va/content/museivaticani）

18世纪，英国内科医生汉斯·斯隆将其近8万件藏品捐献给英国王室，王室决定在此基础上创建一座综合性的博物馆兼国家图书馆——大英博物馆（图1-5）。1753年，大英博物馆建立，并于1759年成为全世界第一个对公众开放的大型博物馆。

图1-5 大英博物馆

（图片来源：https://britishmuseum.org.cn/history_of_the_museum.html）

19世纪，工业革命和资产阶级革命以及近代考古学的诞生，促进了博物馆事业的发展。1851年，英国在伦敦成功举办了首次世界级博览会——万国工业博览会，成为全世界的盛事。这个时期博物馆的数量大幅增加，1870年左右美国就诞生了三大博物馆——美国自然历史博物馆、美国纽约大都会艺术博物馆和波士顿艺术博物馆。博物馆的馆藏愈加丰富，19世纪末还出现了新的博物馆类型——露天博物馆，博物馆事业进入黄金发展期。博物馆对外开放之后，其展览功能占据了主导地位。此时，博物馆的重心仍然是藏品，博物馆中大量、高密度的藏品在博物馆空间内进行可视化储藏，它们仿佛在宣示自己才是博物馆的主人，以至于观众在参观时会产生压抑、失望和不满的情绪。

巴加蒂·瓦尔塞基博物馆（图1-6）是现今欧洲保存最完好的故居博物馆之一，由米兰贵族巴加蒂·瓦尔塞基兄弟建成于1880年，主要收藏意大利文艺复兴时期的装饰艺术品、雕塑和绘画作品，内部参观设置很好，每个房间有意大利语、英语、法语、德语、西班牙语、日语六种语言的文字讲解，1994年起向公众开放。维多利亚和艾伯特博物馆（图1-7）创立于1852年，以维多利亚女王和她的丈夫艾伯特命名，专门展出来自世界各地的应用和装饰艺术作品。博物馆展示空间有4层，共146个展览厅室，专门收藏美术品和工艺品，包括雕塑、玻璃制品、陶器制品、熟铁制品、金属制品、珠宝、纺织品、乐器、家具、建筑、图画等。

图1-6　巴加蒂·瓦尔塞基博物馆

（图片来源：www.hisour.com/zh/british-museum-london-united-kingdom-36990）

图1-7　维多利亚和艾伯特博物馆

（图片来源：https://www.vam.ac.uk）

第一章 生长着的博物馆

1870年，美国纽约大都会艺术博物馆（图1-8）成立，它采用向市政府和由私人组成的受托委员会负责的模式。20世纪以后，自由、民主、平等思想的迅速传播以及各种教育和阐释项目的出现，使得博物馆关注的重心逐渐从藏品转移到观众，"为观众服务"的呼声渐涨。这个时期对博物馆的认识变化由国际博物馆协会（以下简称"国际博协"）对博物馆的定义变化中可见一斑。

图1-8 美国纽约大都会艺术博物馆

（图片来源：https://www.metmuseum.org）

1946年，国际博协成立，它在《国际博物馆协会成立决议》中将博物馆定义为："博物馆是指向公众开放的美术、工艺、科学、历史以及考古学藏品的机构，也包括动物园和植物园，但图书馆无常设陈列室者除外。"

1951年，国际博协在其协会章程中对博物馆的定义进行了第一次修订："博物馆是运用各种方法保管和研究艺术、历史、科学和技术方面的藏品，以及动物园、植物园、水族馆的具有文化价值的资料和标本，以供观众欣赏、教育而公开开放为目的，为公众利益而进行管理的一切常设机构。"在这个定义中，首次增加了博物馆面向观众的欣赏、教育职能。

1962年，国际博协对博物馆的定义又进行了修订："以研究、教育和欣赏为目的，收藏、保管具有文化或科学价值的藏品并进行展出的一切常设机构，均应被视为博物馆。"这个定义确定了"向公众开放的历史纪念物、寺庙的宝物、宗教建筑及其附属物品、史迹、遗址及自然风景地区，均应被视为博物馆"，把博物馆的收藏范围进一步扩大了，同时将博物馆与其他科研、教育机构做了区别。

1974年，国际博协在哥本哈根召开了第11届会议，将博物馆的定义修订为："博物馆是一个不追求盈利、为社会和社会发展服务的公开的永久性机构。它把收集、保存、研究有关人类及其环境见证物当作自己的基本职责，以便展出、公之于众，提供学习、教育、欣赏的机会。"这个定义的进步之处在于，把博物馆与社会的关系纳入博物馆的定义，确定了博物馆为社会发展服务的角色定位，强调了博物馆"不追求盈利"的公共属性和"收集、保存、研究，提供学习、教育、欣赏"的基本职能，并且开始关注人类及其环境问题。从1977年开始，国际博协将每年的5月18日定为国际博物馆日，以宣传博物馆在现代社会的重要性。

1989年，国际博协在第16届全体大会时又将博物馆定义修订为："博物馆是为社会和社会发展服务的向公众开放的非营利性永久机构，以研究、教育和观赏为目的进行搜集、保存、研究、传播并展示人类及其生存环境的物证。"

1995年，国际博协将博物馆的定义调整为："博物馆是一个以研究、教育、欣赏为目的而征集、保护、研究、传播和展出人类及人类环境的物证的、为社会及其发展服务的、向大众开放的、非营利的永久性（固定性）机构。"这个定义对具有博物馆资格的机构进行了界定。

亚瑟·帕克曾说永远不变的博物馆实质上就是"没有生命的机构"。从国际博协20世纪的定义变化中我们可以看出，随着"以人为本""以观众为中心"理念的日益流行，博物馆演变成以阐释为核心的机构，不断激发观众思考，与观众进行沟通和交流，博物馆与人、社会之间的关系越发密切。当博物馆的重心转移到为观众服务时，教育学、心理学、科学技术、管理学、人体工学等一系列与人相关的知识被引入博物馆学的研究中，博物馆的教育功能日益凸显，博物馆的核心职能也逐渐从收藏和研究转移到公众教育。博物馆在社会中发挥了越来越重要的作用，并成为国家文化事业的重要组成部分。在这个过程中，新的博物馆如雨后春笋般冒出，尤其从 20 世纪后期开始，博物馆高速发展，新的博物馆不断诞生。同时，新型博物馆也不断出现，比如儿童博物馆、生态博物馆、野生动物园、社区博物馆、数字博物馆等，博物馆事业在开拓创新中不断提升和发展。

北京自然博物馆（图 1-9）的基本陈列以生物进化为主线，展示了生物多样性以及其与环境的关系，构筑起一个地球上生命发生发展的全景图，有古生物陈列厅、植物陈列厅、动物陈列厅、人类陈列厅等。圣保罗艺术博物馆（图 1-10）位于巴西圣保罗市，于 1968 年建立，经费来自巴西人民的捐献。博物馆陈列着各个时期最著名艺术家，包括毕加索、雷诺阿、锡查尼等的作品。博物馆四周的花园面积达 1500 平方米，模仿法国巴洛克时期的风格，如同巴黎凡尔赛宫花园。古根海姆博物馆（图 1-11）创办于 1937 年，是闻名世界的私立现代艺术博物馆，是著名建筑师弗兰克·劳埃德·赖特设计的博物馆群。

图 1-9　北京自然博物馆

（图片来源：https://www.bmnh.org.cn/bwgjj/bwgjj/index.shtml）

图 1-10 圣保罗艺术博物馆

（图片来源：http://www.360doc.com/content/13/1215/15/535749_337340107.shtml）

图 1-11 古根海姆博物馆

（图片来源：https://www.hisour.com/zh/solomon-r-guggenheim-museum-and-foundation-new-york-united-states-5648/amp）

南通博物苑（图 1-12）由中国近代著名的爱国实业家、教育家张謇于 1905 年创办，是一个将中国古代苑囿与西方博物馆理念融合为一体的综合性博物馆，展品室内外相结合，包括文物、动植物、标本、艺术品、模型等。南通博物苑也是中国第一座公共博物馆，它定位为"为本校师范生备物理上之实验，为地方人民广农业上之知识"。1988年，南通博物苑被评选为"全国重点文物保护单位"。

图1-12 南通博物苑

（图片来源：http://www.ntmuseum.com/pcweb/home/index）

2007年，国际博协将博物馆的定义修订为："博物馆是一个为社会及其发展服务的、向公众开放的非营利性常设机构，为教育、研究、欣赏的目的征集、保护、研究、传播并展出人类及人类环境的物质及非物质遗产。"这个定义将"教育"功能调整至首位，体现了21世纪博物馆关注的新重心——博物馆对公众的教育功能及与公众的互动。此外，还强调了博物馆的"非物质遗产"藏品，除了实物藏品外，还有非遗藏品以及数字藏品。

21世纪，计算机技术和网络技术飞速发展，科技与文化相结合成为这个时代的重要主题。博物馆界也走上了文化与科技结合之路，在博物馆的展示、传播等方面充分应用信息技术、数字技术、虚拟现实技术等，使博物馆焕发蓬勃生机，数字博物馆也应运而生。数字博物馆可以消除时间和空间对观众的限制，提高博物馆资源开放和共享的程度，让全世界的观众足不出户就能实现欣赏、学习的目的，这使博物馆在新时代呈现出新的特色，并成为博物馆发展的新趋势之一。2011年，中国在《博物馆事业中长期发展规划纲要（2011—2020年）》中就提出，"创新博物馆文化传播及中国数字博物馆建设工程"，博物馆数字化建设要"充分运用信息、互联网、多媒体、新媒体等技术手段，通过数字博物馆、远程教育网络和文化信息资源共享工程，使博物馆文化成果惠及更多民众"。近几年，在数字博物馆基础上又出现了智慧博物馆，通过利用物联网、云计算等新技术，以互联、智能融合为特征，为博物馆工作带来了崭新的思路和现实路径。

2022年8月，国际博协在布拉格现场和线上同时召开了特别全体大会，并公布了新的"博物馆"定义："博物馆是为社会服务的非营利性常设机构，它研究、收藏、保护、阐释和展示物质与非物质遗产。它向公众开放，具有可及性和包容性，促进博物馆以符合道德且专业的方式进行运营和交流，并在社会各界的参与下，为教育、欣赏、深思和知识共享提供多种体验。"这个定义内涵非常丰富，有一些新增加的内容，比如可及性、包容性、符合道德且专业、深思、知识共享、多种体验等。这体现了新时代下，随着数字化技术、大数据分析、虚拟现实技术等被引入博物馆领域，人们对博物馆的认识经历了从"实"到"虚"的变化，对博物馆寄予了更多的期待，也导致博物馆的功能发生了变化。

博物馆作为全球普遍的服务公众的文化机构，是当今社会人类文明多样性的载体，是收藏、整理、保护、研究、教育、传播、展示的空间和场所。博物馆的发展呈现出多元化的趋势，未来的博物馆将被赋予更多文化教育和文明传承的责任，也将在人类社会中发挥越来越重要的作用。这既是博物馆面临的挑战，也是博物馆的发展契机。

第二节　博物馆的构成

数字博物馆最早在20世纪90年代的美国兴起，随着网络技术、信息技术、数字技术、三维虚拟技术、增强现实技术等现代科技的应用，现在已经在全球广泛流行。博物馆也被划分为实体博物馆和数字博物馆（又称虚拟博物馆）。实体博物馆是指按照某一主题，将藏品等按一定的组织形式进行陈列并呈现在观众面前的展示场所。数字博物馆则是一种用网络技术将实体展品整理及设计成数字化信息，并为观众提供藏品展览及相关信息等服务的系统形式。实体博物馆是数字博物馆的基础，数字博物馆的藏品信息都来源于实物资料。同时，数字博物馆是虚拟的，不是一个实体机构或单位，所以，我们讲博物馆的构成是指实体博物馆的构成。

博物馆自身就是一个体系，由众多要素构成。博物馆的正常有序运行及功能的发挥都离不开这些要素。关于博物馆的构成历来存在多种看法，比较常见的看法为博物馆构成要素主要包括四个：（1）藏品；（2）馆舍和设施；（3）展览和陈列；（4）人员。

一、藏品

藏品是指博物馆收藏的有关历史、民俗、艺术、技术及自然科学等领域的各种资料。博物馆的业务活动基于其藏品，因此藏品的质量和数量是评价博物馆质量和社会作用的主要标准之一。藏品质量和数量的高低直接影响博物馆的定级，是衡量其社会作用的重要指标，也是博物馆声誉和价值之所在。博物馆的藏品是人类创造力和智慧的结晶，随着人类收藏范围的扩大，其发展成为既包括物质资料也包括非物质资料。

最初，博物馆就是从皇室贵族的私人收藏发展起来的，当时的藏品主要是各种新奇的珍贵的物品。距今4000多年前，埃及和美索不达米亚的统治者就开始注意寻找和收藏各种珍品奇物。古希腊的亚历山大大帝在欧洲、亚洲及非洲征战时也收集了很多珍贵艺术品和稀有古物，并主要交给亚里士多德进行收藏、整理和研究。后来，亚历山大大帝的部下托勒密·索托继续在南征北战中收集各种物品，并把它们专门放在缪斯神庙里收藏，这使得缪斯神庙成为人类历史上最早的博物馆。一直到20世纪70年代之前，博物馆收藏与展示的对象都是有形的实物，国际博协通常用物件、标本、人工制品来称呼博物馆的藏品。当时的藏品范围也较丰富，包括自然、艺术、科技、文物等多个类别。藏品和陈列展品的类别也成为划分实体博物馆类型的主要依据，博物馆主要分为历史、艺术、科学和综合博物馆等类型。实践证明，把实物直观地展示在观众面前，比文字或图像资料更有冲击力、感染力，更容易打动观众，给观众留下深刻印象。

20世纪70年代以后，随着社会的发展，博物馆事业有了新的发展，博物馆的藏品范围发生了变化，这从国际博协对博物馆的定义中也可以看出来，具体见表1-1。

表 1-1　博物馆的藏品范围和内涵变化

时间	对藏品的界定	英文词汇	内涵变化
1974 年	人类及其环境见证物	Material evidence of people and their environment	从物品扩展到无形文化领域，从文物到日常用品，不再局限于人的行为的直接结果，而是人的行为和认知能力在物质世界的反映和折射
1989 年	人类及其生存环境的物证		
1995 年	人类及人类环境的物证		
2007 年	人类及人类环境的物质与非物质遗产	The tangible and intangible heritage of humanity and itsenvironment	从物质文化到非物质文化
2022 年	物质与非物质遗产	Tangible and intangible heritage	

从 1974—2022 年国际博协对藏品的定义可以看出，博物馆对藏品的内涵和外延的界定也在发生变化。藏品内涵扩展为"人类及人类环境的物质与非物质遗产"，从实物扩展到无形文化领域，呈现出"非实物性"特点。至此，藏品已经明显扩展到文化遗产范畴，涵盖了物质文化遗产和非物质文化遗产两大体系，不再局限于直接反映人类行为的结果，而是包括人类行为和认知能力在物质世界中的反映和折射，即所有人类社会历史发展遗留下的、由人类创造的或与人类活动有关的物质及非物质的遗存。

20 世纪 90 年代，博物馆数字藏品横空出世。当时互联网技术的快速普及和发展使得人们开始尝试将博物馆的文化遗产以数字形式呈现在网上。数字藏品实际上就是一种计算机编码信息，数字化博物馆主要是将馆内的展品照片和文字资料制作成网站，供公众浏览和学习。目前数字藏品的主要内容包括文物、艺术品、历史文献、音像资料等，数字藏品的特点主要有以下几点。

（1）可访问性：数字藏品可以通过网络随时随地进行访问，大大提高了公众的参观率。

（2）互动性：数字藏品通常具有一些互动功能，例如，可以进行放大查看、旋转、切换视角等操作。

（3）多媒体技术：数字藏品采用多种媒体技术，包括图像、视频、语音、虚拟现实等，使得用户能够全方位、立体化地了解文化遗产。

（4）保存性：数字藏品可以永久保存，不会因为时间的推移和自然灾害等因素而被损坏或遗失。

总之，数字藏品为公众提供了便利的学习和欣赏文化遗产的途径，也为博物馆保护文化遗产提供了新的思路和方法。随着博物馆的发展呈现多元化的局面，人们对藏品的认识也在变化。

二、馆舍和设施

博物馆馆舍包括博物馆的建筑及其范围内的周围环境。博物馆不可能脱离环境而存在，它的馆舍环境也是博物馆的一部分，而且博物馆可以利用环境、创造环境，让环境融入展陈中。尤其自然类的博物馆，其环境也是展品，观众在环境中参观与学习。博物馆与环境互相辉映，形成自己的独特景观与风格，比如浙江自然博物院、中国（哈尔滨）森林博物馆。

浙江自然博物院（图1-13）将"浙江元素"融入展馆展陈中，根据浙江地质演变过程和其中发生的最具有代表性的事件和遗迹，实景打造布置展陈，讲述浙江大地20亿年波澜壮阔的史诗，以及地球结构、地质年代、生物演化、大陆变迁、气候变化等自然科学知识。

图1-13 浙江自然博物院
（图片来源：http://www.zmnh.com）

坐落在东北林业大学校园内的中国（哈尔滨）森林博物馆（图1-14），馆内再现复原的真实森林景观、实体动植物，直观展示了人类与自然的和谐共生、密不可分。

图1-14　中国（哈尔滨）森林博物馆

（图片来源：https://cfm.nefu.edu.cn/index.htm）

博物馆建筑是博物馆的安身立命之所，是博物馆实现其价值和功能的重要物质条件。博物馆建筑还是市容市貌的重要组成部分，是城市的一张景观名片，甚至会成为一个国家或城市的文化象征。一般每个博物馆都有其独具特色的建筑，世界著名的博物馆的建筑一般也宏伟壮观、独树一帜、环境宜人。著名美籍华裔建筑设计师贝聿铭设计了很多杰出的建筑，比如苏州博物馆新馆、澳门科学馆、美国约翰·肯尼迪图书馆、美国国家美术馆东馆、卡塔尔伊斯兰艺术博物馆等。他在设计卢浮宫扩建工程时，以"让光线来做设计"为理念，打造了一个巨大透明的玻璃金字塔，让多变的光线在玻璃硬朗的几何面上流淌，制造出明亮的空间感，上可仰观蓝天白云，中可环视琥珀色古老建筑，下可俯视地下流光溢彩的卢浮宫主厅，成为连接过去与未来的时空装置。同时，这座玻璃金字塔作为卢浮宫的入口，成功将各个独立的宫殿连接起来，设计出一条流畅的参观路线，有效规划了参观人流，合理利用了闲置空间，让这座本已老旧的博物馆重获新生。玻璃金字塔建筑"赋予了卢浮宫一颗心和一个肺，帮助卢浮宫成为当今世界头号博物馆"。由此可见博物馆建筑的重要性。

博物馆的建筑是留给观众的第一印象，走进博物馆，其内部设计则能让观众感受到博物馆的精神、专业与用心。博物馆建筑内部的重要组成部分包括藏品库区、展览区、办公区、公共服务与教育区、机房后勤区、卫生间、餐厅等空间，它们各自承担着不同的功能。比如，公共服务与教育区，每个博物馆的配置稍有不同，大多数博物馆设有专门的教育活动教室，有的博物馆还设有学术报告厅、影视播放厅等。博物馆的内部设计的指导原则是"以人为本"，从便于观众利用的角度合理分区，按需设置，体现其为广大公众服务的群众性，将博物馆打造成一个舒适优美的公共休闲场所；又充分发挥博物馆的特色与功能，充分展示其思想性、艺术性和文化魅力。

此外，博物馆还有着各种各样的设施设备，一般包括建筑设备、陈列设备、技术设备等。建筑设备有照明灯具、安防设备、电气设备、空调、排水系统等，陈列设备有展柜、托台、展板等，技术设备则有多媒体设备、AR设备、巨幕影院、360°全息立体成像系统、声光电数字沙盘等。随着数字技术的使用，博物馆里的技术设备越来越多，多种设备的融合也使得展示效果越来越好，观众对展览的印象越来越深刻。由于缺乏博物馆教育设施的明确规定和标准，各博物馆的教育设施配备差异较大，这也会影响到博物馆教育活动的开展，而且使教育效果大打折扣，不利于博物馆充分发挥社会教育职责。

博物馆是常年面向公众开放的公共场所，建筑和设施都需要日常管理、维护保养和维修。当代的博物馆已经建立了融合博物馆建筑内外的安全监控、文物的自动化安全保护、博物馆自动化管理、通信自动化等功能于一体的综合系统，也就是"建筑智能化"系统，以确保文物和观众的安全，保证博物馆安全、可靠、高效地运行。建筑智能化是智慧博物馆不可或缺的一个重要组成部分。

三、陈列

最初，博物馆就是单纯地把藏品摆放出来供人们欣赏。19世纪中叶出现了博物馆陈列。博物馆陈列是在博物馆语境下，在特定空间内，按照一定主题有机、艺术化地组织展品和辅助展品，进行信息的可视化传播，通过文物的"组合""说话"来造成对观众态度与行为的影响。❶ 陈列是沟通博物馆与公众的重要桥梁，杰出的陈列甚至能够"化腐朽为神奇"。策展人选定主题后，精心布置，将藏品以时间脉络排列、分类放置或者按照一定

---

❶ 徐智慧.浅谈博物馆文物陈列[J].中文学刊,2009(10):93-95.

的线索展示，使展览的主题表达明确、流畅清晰，并具有感染力、说服力，从而吸引观众的注意力并使其印象深刻。博物馆陈列是对藏品资源的挖掘和利用，让藏品转化成为展品并处于核心地位，向观众传播信息。所以，陈列是博物馆最基本、最直观传达博物馆文化的信息来源，是实现博物馆资源社会价值的基本形式。陈列的好坏决定了博物馆信息服务的优劣，也体现了博物馆综合实力的强弱，以及是否对其藏品有深刻的理解和研究。优秀的陈列应当是思想性、科学性和艺术性的统一和谐。

展览的展线如何设计、重点如何突出、前后衔接如何合理开展、怎样能吸引观众等，这都属于陈列设计中要考虑的问题。陈列设计是陈列的蓝图与前提，对展陈效果及其功能发挥具有举足轻重的作用，也决定了信息传播的效果。精彩、深刻的陈列设计往往会激发观众的思考，获得观众的认同，引起观众的情感共鸣，从而实现展览的目的和博物馆的社会效果。

（一）陈列设计要"以观众为中心"

陈列设计的目的是把物呈现给观众，让观众获得陈列的意义。因此，陈列设计要以观众为中心，以人为尺度，符合人体工程学，以让观众参观时保持舒适的状态。研究表明，低显示的展览位置是观众最舒适、最好的展示位置，有利于观众更仔细地观察展品的全貌和清楚阅读展板上的文字。对大多数人而言，高度在 1.0 米与 1.5 米之间的前言和单元展板最便于阅读，对青少年的则是 0.9 米左右。此外，还要考虑到残障人士，要有针对各种残障人士的无障碍设计等，以尽可能满足所有观众的观展需求。

（二）陈列的主题性

一个陈列往往是围绕一个主题选择藏品加以组合排列，以直观视觉化的方式加以表现。对主题的表达要清楚明确，阐释要深刻全面，才能达到很好的陈列效果。在设计陈列前，我们需要思考一些问题：

（1）我们的藏品可以开发哪些主题？

（2）关于某主题或话题，是否需要另外征集或借用展品？

（3）大主题下可以分为哪些小主题？

（4）整个展览按什么线索选定陈列物品？

(三) 以多种手段呈现

博物馆陈列设计具有综合艺术特征，综合展示空间、藏品、视听资源、文字、图片等各种资源，涉及版面设计、空间设计、环境设计、色彩设计、采光照明设计、造型设计等多方面，具有极强的综合性。它的首要呈现方式是可视化设计，视觉是观众感知陈列的最主要方式。将信息进行可视转化就是陈列设计的核心环节，把实物展品、展品组合、辅助展品、景观、研究成果等在一定空间中以各种直观视觉化的方法与手段呈现给公众，以实现和观众之间的意义传播与沟通。除了视觉，还可以融入可听、可触、可闻的多种设计，调动观众的听觉、触觉、嗅觉等多种感官，给观众多感官的综合感受。陈列设计中采用多种技术手段，如多媒体技术、360°全息成像、虚拟现实等，对数据、文字、动画、图像、声音等多种信息进行综合处理，营造出一个用户可通过多种感官感受和沉浸其中的高度信息化、情景化的空间。这样多元化展示形态的陈列具有更强的冲击力，观众"看得懂"，也"愿意看"和"喜欢看"。

(四) 陈列的参与性

在进行陈列设计时，可以考虑具有适当的开放性，也可以设置互动环节，这样能让观众参与其中，不仅使展览更具感染力，影响和带动观众的情绪，而且可以让观众形成新的认识。比如，场景式的陈列，有些物品可以开放式地摆放，当然，如果物品贵重或稀少，可以制作其复制品，让观众在观看展品的同时可随手触摸。既让物品营造出真实氛围，进行情景再现，又可拉近与观众的距离，让观众能有切实的体验感和深刻的感受。

(五) 陈列的教育性

陈列是博物馆功能发挥的重要载体，是博物馆发挥教育、传播、休闲娱乐等作用的实体依托，是从根本上实现博物馆使命的最主要抓手。陈列在博物馆语境下便呈现出强烈的教育目的性、真实性和科学性等特点，在为观众提供信息服务的同时，以一种潜移默化的方式把相关观念传达给观众，影响观众的态度、行为，达到教育的目的。博物馆的教育活动是以陈列为中心展开的，是对博物馆空间和资源的利用，对陈列意义和价值的解读,陈列设计的好坏关系到教育目标的实现。因此,在陈列设计中要考虑便于教育活动的开展,从陈列的内容形式入手,针对目标观众,强调陈列充分运用多种展示手段,激发观众不同层面的思考,以达到最佳的教育效果。

在陈列设计时要考虑展教结合:

(1) 怎样陈列有利于开展教育活动?

(2) 如何组织展品能对主题进行充分阐释?

(3) 什么样的陈列方式能更有效地实现教育目标?

展览陈列的设计要求同一陈列艺术风格完整统一,不同陈列则可以风格变化多样,为创新性地将各种主题表现出来,可采用不同的陈列方式,如原状陈列、分类陈列、复原陈列、演示陈列、模拟陈列、生态陈列、综合陈列等。以多种方式推陈出新地进行陈列,让古代的实物与现代的数字藏品相结合,静态的实物与动态的视频相辉映,可以吸引观众的注意力,调动他们积极地从不同角度审视藏品,探索和挖掘博物馆的资源和藏品的意义。

四、人员

人,是一切活动的原动力,是博物馆构成中的重要因素,在博物馆发展中具有核心作用。从广义上来说,博物馆的人员包括博物馆馆员、志愿者、赞助者、观众等一切和博物馆相关的人员。

(一) 博物馆工作人员

博物馆工作人员,指的是掌握博物馆专业知识与技能的人才。博物馆的一切活动都是由具备博物馆专业知识的人才主持和管理的。人才是博物馆事业发展的关键,博物馆事业的发展最终决定于博物馆人才。博物馆的各种人才既包括博物馆的管理者,也包括经营、管理、研究藏品、开展社会教育的专业人员,博物馆工作人员既需要掌握理论知识,也需具有创新精神和较强的实践能力;既需要具备广博知识,也需具有突出的专业知识。从事博物馆教育的人员既要能开展研究,解析展览和藏品信息,挖掘教育意义与价值,同时也要能将研究成果应用于课程之中,将展览陈列及藏品的历史价值、艺术价值及科学价值充分表达和传播出去,这需要的是综合能力。能集研究、课程设计、授课于一体的复合型教育人才严重缺乏。现实情况是博物馆人才队伍结构不合理,不仅专业人才缺乏,真正懂得博物馆运行规律的管理人才匮乏,而且没有形成一定的专业方向,更没有形成优势团队。

目前,我国博物馆工作人员存在一些问题:各级博物馆人才不均衡,基层博物馆人才缺乏;专业技术人才比例过低,高级技术人才比例尤其低;科研型、应用型、新技术人才缺乏,复合型人才更缺乏。根据国家文物局发布的《博物馆事业中长期发展规划纲要(2011—2020年)》,全国博物馆工作人员中专业技术人才所占比例为36.4%,其中具有正高级职称的仅占1.7%。博物馆应尽快建立以全面提高博物馆员素质为核心的长期机制。

(二) 志愿者

世界各地博物馆的志愿者由群体或独立的热心人士组成,为博物馆的进步发展提供聪明才智。"博物馆志愿者于1907年首先出现于美国波士顿艺术博物馆。"❶美国是世界上最大的博物馆之国,美国的博物馆志愿者团队已经有40多万人,这个数据是美国博物馆工作人员的2.5倍。我国的博物馆志愿者出现较晚,上海博物馆1996年才首次公开招募志愿者,目前全国志愿者数量发展壮大到20余万人。我国志愿者从事的博物馆社会服务有引导咨询服务、免费讲解服务和参与教育活动、维持活动秩序等,讲解服务是其中最主要的任务,而讲解是博物馆展览中面向公众教育最重要的一环。"2005年至2010年上海博物馆进行的观众调查表明,大约30%的参观者明确希望有讲解。其需要讲解的主要原因是看不懂或难以完全看懂现有的展览。"❷

志愿者已经成了博物馆不可或缺的人员。对志愿者来说,他们通过参

---

❶ 单霁翔.从"馆舍天地"走向"大千世界"——关于广义博物馆的思考[M].天津:天津大学出版社,2011:117.

❷ 陈曾路.博物馆里的"微革命"——"博物馆志愿者"的现状和未来[J].中国博物馆,2012(3):12-19.

与志愿活动，可以更深刻地认知展览内涵，更好地融入博物馆的文化氛围，提升社会责任感，成为博物馆的最佳宣传员、推动者和公共文化服务活动的支持者、奉献者，实现志愿者的人生价值；对博物馆来说，志愿者能够缓解博物馆在人力上的不足，起到辅助和补充作用，还能为博物馆的展陈设计、教育活动设计等提供宝贵的建议和反馈，实现博物馆的社会价值。总之，博物馆招募志愿者是利己利人的好举措，社会精英的群聚，为博物馆做好了充足的人才储备，让博物馆成为一个人才聚集的"知识圣地"，也是博物馆重要的宣传、教育力量，志愿者能很好地成为推动社会文化进步的力量。

西方在博物馆志愿者的管理方面已经比较成熟，成立了专门的志愿者组织，设置了专门的机构和人员来管理志愿者。相比之下，我国的志愿者管理还有待提高。2009年，成立了志愿者的官方组织——中国博物馆协会志愿者工作委员会，每年对志愿者的工作进行评估，并从中选出表现优异的志愿者授予"中国博物馆十佳志愿者之星"称号。

作为特殊的公众服务和社会教育机构，博物馆在为志愿者提供志愿服务平台和机会的同时，也要为志愿者创造便利条件，开展专业培训。当代博物馆很重视志愿者的培训工作，很多博物馆会安排专人负责专业的指导培训：让志愿者深入了解博物馆的各项工作，参与博物馆的实践活动，学会活动策划、宣传、组织观众、志愿讲解、收集观众反馈等。对志愿者进行定期的培训非常必要，可以激发志愿者的工作热情从而提高服务质量，从一定程度上解决博物馆人才不足的问题。好的志愿者团队可以成为一个博物馆的另一张"名片"，成为博物馆对外宣传的生力军。博物馆志愿者队伍文化水准的提高为志愿者参与博物馆的社会教育工作打下了很好的基础。博物馆公共教育的发展离不开志愿者的协助，志愿者充实了博物馆的教育力量，有助于博物馆各类教育活动的有效开展、博物馆公共教育职能的更好实施，能更进一步推动博物馆事业的进步，引领整个社会文明发展进步。

此外，博物馆要吸引志愿者以及其他社会力量在一定程度上参与博物馆的运营管理，共同经营博物馆事业。可以采取多种方式吸引社会资源，开展与社会各团体的合作，比如在博物馆的展陈设计、历史文化知识、教育活动的多样性上提出意见和帮助，实现社会资源向博物馆流动，促使博物馆的设计更合理、影响更深入、反馈更具体、社会影响力更大。

扩展：博物馆之友

博物馆之友是博物馆事业爱好者的非学术性团体，他们是一群热爱博物馆文化、关注博物馆事业发展的志愿者组织或协会，通过参加各种活动和捐赠资金物资等形式，为博物馆的推广、传承和发展做出贡献。博物馆之友可以帮助博物馆开展文化教育、展览活动等，并为观众提供更好的服务和体验。世界上最早的博物馆之友诞生在19世纪的欧洲。19世纪初，欧洲的博物馆相继由收藏机构演变成为开放性的、具有社会教育功能的文化事业机构。那些真心关心、喜爱博物馆的人可以自愿参与博物馆的各项工作，为其捐献藏品或提供资金等支持。博物馆的建设和发展也需要社会各界的贡献和帮助。因此，博物馆之友应运而生，成为博物馆组织中重要的身份。博物馆之友主要有学术性和非学术性两种形式，随着博物馆在社会上的地位逐渐扩大，博物馆之友也逐渐向非学术化和大众化方向发展。自20世纪以来，随着博物馆公共教育的不断发展，博物馆的收藏和研究范围不断扩大，社会教育的覆盖面也越来越广泛。在这种情况下，博物馆之友的组织形式得到了世界各国的普遍重视。目前，美国的博物馆之友采用博物馆会员制的形式，并对每个会员捐赠的金额和参与活动进行详细记载，保证会员参与博物馆教育活动的优先权。英国的博物馆之友则可以参与博物馆的陈列展览规划、讲解、管理和研究工作。1972年，世界博物馆之友第一次代表大会在西班牙的巴塞罗那召开，国际性的博物馆之友从此成立。

我国高度重视博物馆之友组织，许多大型博物馆，如中国历史博物馆、上海博物馆、故宫博物院、河南博物院等都设立了该组织。与国外不同的是，我国的博物馆之友是联系社会的组织，具有广泛的社会代表性，任何热爱博物馆事业、愿意为博物馆工作的人都可以申请加入。虽然博物馆之友大多数是非专业人员，只有少数专家，但他们也是博物馆教育中重要的力量。一些博物馆为适应当地特点，成立了其他类型的博物馆之友，如"文物通讯员""文物保护员"，他们的主要任务是向居民宣传文物知识和文物保护法规，增强公众对文物保护的意识，同时还会为博物馆开展文物调查和征集工作提供协助。

第三节 博物馆的特征

博物馆的特征是其本质的映射，是它与其他文化机构根本的区别。掌握博物馆的特征有助于更深入地理解博物馆，并充分利用这些特征自觉地开展好博物馆的工作。

一、实物性

博物馆从起源至现代各种类型的演变中，其根本共同点在于实物的重要性。博物馆的实物，指的是博物馆的藏品，"实物"既包含"自然物"，也包含各种"人工制品"。博物馆必须具备一定数量的藏品，它们是博物馆一切活动的基础和出发点。如果没有实物，博物馆工作的开展就缺少物质基础，博物馆也就失去了生存的基础、特色和竞争力。

博物馆的主要特征在于实物性，作为一种事物的运动形式，可以说博物馆自起源至演变的整个历程都是围绕着"物"展开的。博物馆的首要任务是收集和保存实物，其次则是对"物"的研究，再到对"物"的利用。博物馆的这个过程是前后衔接、相互联系、相互促进、循环往复、不断发展、协调统一的。

2004年，国际博协通过的《国际博物馆协会博物馆职业道德准则》中提到，"应对实物的或非实物的自然和文化遗产负责"。2007年，国际博协将博物馆定义修订为"人类及人类环境的物质与非物质遗产"，博物馆的藏品延伸到了非物质文化遗产。近些年还出现了数字博物馆或者虚拟博物馆，利用计算机技术、信息技术和数字技术等将实物转化为虚拟影像。那博物馆的实物特征还存在吗？答案是肯定的。虽然博物馆也收藏非物质文化遗产，但实物仍然是博物馆藏品的主要形式，非物质文化遗产的收藏与展示也需要借助物质的介质与手段，物质是非物质文化遗产的载体。数字博物馆展出的数字藏品虽是虚拟的，但它是以藏品为基础和本源的，是实物的虚存形态，而藏品本身才是实物形态。所以，在未来，博物馆不仅不能抛弃实物，相反更需要深入挖掘实物的意义和价值。

二、直观性

博物馆展陈的一大特征是直观性，即将实物进行组织陈列，让观众直接面对它，直接与它进行交流。这种以实物为主，辅以文字、图表等实物性辅助展品的陈列，给人以视觉冲击，直观生动和有吸引力，更有助于加强观众的记忆。大量实践证明，直接将实物展现在观众面前比其他文字或图像资料更生动、更具有感染力，更能吸引和打动观众，使观众获得更具体的形象思维，从而形成更深刻的印象。为了更好地打动观众，博物馆陈列实物向观众多渠道输送信息，以刺激观众的各种感官，使他们获得立体、直观的信息。有的博物馆甚至把有些物品以开放的形式进行展示，或者利用一些技术手段，可让观众触摸、听、闻，进一步丰富了博物馆的直观性特征。

三、广博性

博物馆的收藏范围广泛，从陆地到海洋，从天上到地下的各种文物、生活器物、标本、艺术品、非物质文化遗产等资料都是博物馆收藏的对象。博物馆涉及的门类众多，包括自然科学、社会科学、人类学、历史学、考古学、地理学、艺术学、文化学等多个领域。所以，博物馆的类型也很多，且随着社会的前进与博物馆的发展，博物馆的类型不断增多，如艺术博物馆、自然科学博物馆、地质博物馆、历史博物馆、科技博物馆、生态博物馆等，新形态的博物馆还在不断出现。博物馆包罗万象，它丰富的资源和信息使得广博性成为它区别于其他文化机构的显著特征。

扩展：生态博物馆

生态博物馆这一概念诞生于1971年。法国博物馆学家里维埃和戴瓦兰首次提出了博物馆发展的新方向，表达了人、文化和自然环境三者紧密结合的新思维。这一概念正是博物馆学界的一次创新。里维埃认为："生态博物馆是由公共权力机构和当地人民共同设想、共同修建、共同经营管理的一种工具……生态博物馆是一面当地人用来向参观者展示以便能更好地被人了解，使其行业、风俗习惯和特性能够被人尊重的镜子。"❶ 生态博物馆是"一个正在生活着的社会活标本"，原封不动地把整座村寨连同其中居民的习俗当作"遗址"，采取一些保护措施，将其保存并展示出来。中国第一座生态博物馆——贵州梭戛苗族生态博物馆在1998年10月31日正式开馆，它的开放为生态博物馆理论在中国的实践探索拉开了序幕。这座博物馆实现了文化保护的社区化和民主化的全新理念。随后，贵州的生态博物馆数量逐渐增多，诸如镇山布依族生态博物馆（2002年7月）、隆里汉族生态博物馆（2004年10月）、地扪侗族人文生态博物馆（2005年1月）、堂安侗族生态博物馆（2005年6月）等相继建成。广西、内蒙古等地也相继建成了生态博物馆，提供了真实和完整的信息，帮助公众更直观地了解一个正在生活着的社区的环境、经济和文化。

社区博物馆

根据当前社区博物馆的实践，狭义的社区博物馆是指以一个社区或街区为展示空间的博物馆。而广义的社区博物馆则包括关于社区的博物馆以及利用社区资源发展起来的博物馆。这类博物馆可以建立在社区内或社区外。社区博物馆的作用体现在以下四个方面。首先，社区博物馆不仅可以保护和收藏社区历史和集体记忆，还可以增强居民对社区文化传承和建设的认识和重视。其次，通过展示社区的历史、文化和传统，社区居民可以建立更强的社区认同感和归属感，从而增强社区凝聚力。再次，社区博物馆也可以传递无形的社区理念、信念、规范等，帮助提升社区价值观念和道德水平。最后，社区博物馆可以促进居民之间的参与和互动，进而推动社区自治文化的发展和协商民主实践的提升。❷

四、公共性

近代以来，博物馆从私人收藏转变为公共文化机构，公共性成了博物馆的本质特征之一，也是区别古代博物馆和近现代博物馆的关键。近代后，国际博协虽然对于博物馆的定义修订了几次，但是，始终没有改变"博物

---

❶ 耿超.博物馆学理论与实践[M].北京:科学出版社,2018:115.
❷ 耿超.博物馆学理论与实践[M].北京:科学出版社,2018:120-121.

馆是一个非营利的机构"这个提法，世界各国关于博物馆的定义，也确定了博物馆的"非营利性"和"公共性"属性。

"公共"的意思为"公有的""公用的""公正的""共同的"。这个词强调的是博物馆的运营不以盈利为目的，由政府主导，服务于全体公众，惠及整个社会。博物馆是一个公共文化服务机构，其拥有的资源归全民所有，这决定了利用这些资源为社会提供公共性产品，其设立的宗旨就是服务大众。正如《不列颠博物馆法案》的导言中所说："博物馆不仅是学习者和猎奇者调研和娱乐的场所，也是为普通功用和大众福利。"

博物馆是一个公共领域，具有共同性、开放性和参与性的特点，承担着提高公众科学文化素养的重要使命。同时，博物馆作为国家公共事业，具有公正性、公平性、公益性特点，体现在政府对博物馆的管理和博物馆自身的服务工作中。博物馆必须保证公共利益和社会效益的实现。博物馆也会产生间接的经济效益，但社会效益的发挥永远是博物馆运营的"主业"。

博物馆是会生长的，它的藏品在生长，展览、观众顺着时光之轴增加。博物馆的特征并不是一成不变的，不同的时代博物馆的特征也会发生一些变化。比如，信息时代的博物馆可以利用其实物藏品，提供一些具有教育意义的、高质量的、寓教于乐的体验、活动、课程等，教育性特征逐渐突出。博物馆随着时代的发展经历着不断变化和自我调整的过程，并充分利用这些变化实现自身的生长与发展。

第二章 发展着的博物馆

博物馆是由多个子系统构成的一个复杂系统。这个系统中各个部分相互协调配合，促使博物馆实现它的功能。《辞海》中对"功能"的解释为：（1）事功和能力；（2）功效、作用。"博物馆功能"则是第二种含义，即博物馆所能发挥的功效和作用，它具有客观性。需要注意的是，博物馆的功能是指博物馆作为一种社会性活动场所而发挥的作用。而且，博物馆的功能还会伴随着社会的发展而发生变化。最早，博物馆是由私人收藏发展而来，收藏是其最早的职能。到16、17世纪，当时的帝国主义为了炫耀从殖民地国家掠夺来的文物和标本，开始对藏品进行研究，促使博物馆以收藏功能为主，以研究功能为辅。这样一直到19世纪中叶，博物馆的收藏开始为教育服务，博物馆的教育功能逐渐凸显。最终，教育功能超过收藏与研究功能，成为博物馆的首要功能。

第一节 博物馆的功能概述

一、对博物馆功能的多元认识

关于博物馆的功能，历来存在多种说法，例如，三功能说、四功能说、五功能说、多功能说等。

（1）三功能说比较有代表性的有："三 I"功能说，即调查研究（Investigation）、教育（Instruction）、激励（Inspirit）；"三 E"功能说，即教育民众（Educate）、供给娱乐（Entertain）和充实人生（Enrich）。

荷兰博物馆学家彼得·冯·门施总结博物馆的功能为保藏、研究和传播，而日本博物馆学界则认为博物馆具备收集、保管、调查、研究以及社会教育的功能。美国纽约自然博物馆认为该馆的功能是教育、探索、研究三项使命。陈端志则认为，博物馆对于社会教育和学生教育有辅助作用，同时有利于学术研究。另外，杨钟健提出博物馆的"三使命说"，即搜集、研究、保存。

（2）四功能说。博物馆有四项功能被基本认可：搜集、保存、展览、保护。史吉祥认为博物馆有四大功能，即保存文化遗产和自然遗产、提供休闲娱乐、辅助教育和信息中心。曾昭燏与李济在《博物馆》一书中提出博物馆的四大功用：一是保存有价值之物品，使其历久不坏，以供今人和后人之用；二是辅助研究工作；三是实施实物教育；四是实施精神教育。

（3）五功能说。《博物馆宣言》指出，博物馆具有收藏、保存、研究、解释和展览五种功能，概括为收藏、保存、研究、解释和展览五种功能。

（4）多功能说。博物馆具有多项功能，包括收藏、保存、解释、展览、教育、保藏、研究、交流等。

二、博物馆的基本功能

纵观博物馆的发展历史可以得出，博物馆的三大基本功能是收藏、研究、教育。

（一）收藏功能

收藏是博物馆最原始、最基础、最首要的功能。文物的收藏是博物馆的命脉，博物馆不可能脱离藏品而独立存在，它从诞生之日起就是存放各种物品的场所。正如加拿大博物馆学家威特林所说："任何机构如果根本不利用物品或者没有把藏品用作主要的信息传达工具，不论其性质如何，都不是博物馆。"而且，藏品的数量和质量决定了博物馆的重要程度，藏品的类型决定了博物馆的类型，藏品在一定程度上决定了博物馆研究、陈列等其他业务活动的内容。

博物馆最初的收藏只是满足王公贵族猎奇、炫耀的心理，随着对藏品研究的深入，博物馆的收藏担负起知识来源、历史见证的职责。博物馆的收藏是长期、经常性的工作，它像一台永不停歇的收集机器，将散落在各地作为环境与人类生活的见证物收集起来。而且，随着博物馆的发展，收藏的计划性、目的性越发明显，直至形成一个与博物馆定位与性质相适应的完整的藏品体系。当然，博物馆有收藏规定，是否收藏某物的依据在于收藏对象的价值，即它是否具有历史价值、艺术价值、科研价值、教育价值等。收集途径也有很多，可以从不同来源、多种方式进行收集，主要途径有：考古发掘、征集、收购、田野采集、接受捐赠、调拨、交换等。征集是当代博物馆普遍采用的一种收集途径，也是行之有效的一种方式。通过有目的、有计划地面向社会进行征集，能高效获取藏品，有效补充相关文物资料，完善藏品体系。

随着博物馆收藏目的的不断拓展，全世界的博物馆统一了思想，为永久性收藏、保护人类文明及其见证物而收藏，为人类回忆过去、认识自我、着眼当下、面向未来而收藏。于是，博物馆的收藏对象也在不断扩大，从有形文物到无形的图像、视频、声音等非物质材料，囊括了文物、自然标本、历史、遗迹、非物质文化遗产等对象。收藏手段和保存手段也在不断更新与完善，收集到的物品，经过鉴定、考证、定级定名、整理、修复、登记编目等流程后，才能成为藏品进入库房进行保藏；需要采取必要的物理和化学手段，利用相关仪器设备和技术，长期完好地保存这些藏品；利用信息技术对藏品进行数字化处理，给藏品一个可靠、安全、长远的"家"。

因此，为了充分发挥博物馆的收藏功能，以便在收藏基础上更好地利用，当代博物馆很重视藏品的保存管理工作，包括博物馆藏品实物的安全保存、完善藏品信息、藏品保护、藏品利用等各项工作。在信息时代，必须重视博物馆藏品信息工作，藏品信息是藏品的生命线，是藏品价值的增值因素，是藏品得以充分利用和发挥社会效益的基础。有时，博物馆可以通过提供藏品信息减少对实物的直接使用，从而更好地保护藏品。

(二) 研究功能

博物馆以收藏的实物作为主要的研究对象，获得了来自自然和人类社会生活方方面面的信息，从中进一步探寻和发现未知世界，形成了博物馆的科学研究功能。

博物馆研究人员最初主要是对藏品本身进行研究。藏品携带了大量的自然、历史信息，研究人员通过研究发现藏品中蕴藏的这些信息来探索藏品的历史、形成原因、内涵、价值等。所以，博物馆一直都重视研究功能。随着时代的进步与社会的发展，博物馆的研究功能在逐步扩大，除了研究藏品，还会研究藏品的保存方法，研究如何利用各种技术手段和方法保管各种藏品；研究博物馆实践以促进博物馆工作的顺利开展及创新，包括确定主题、挑选藏品、陈列设计、展览讲解、活动策划等，以更好地挖掘、展示、诠释藏品；研究博物馆观众，明确观众的需求、喜好、参观行为、学习发生机制等，以更好地服务观众；研究博物馆的价值、事业建设与未来发展，思考人类文明的延续、文化的多样性、博物馆的可持续发展。在苏东海先生的《什么是博物馆——与业内人员谈博物馆》一文中，他认为博物馆的科学研究功能可以进一步细分为以下三种类型：（1）学术性研究：该研究存在于博物馆专业学科的研究、博物馆学的研究以及藏品研究中，研究成果最终会通过公认的论著等途径传达给社会。（2）普及性研究：这种研究也是一种创造性研究，致力于向公众普及有关自然和人类社会生活的知识，从而实现博物馆的社会教育功能。（3）服务性研究：这是为科学研究服务的一些特定研究，其目的是通过使用博物馆的资源来为学术研究提供帮助和支持。这三类研究其实就概括了上面所列举的研究内容。

通过研究，博物馆才能客观准确地回答"藏品是什么""为什么收藏与展示""怎样收藏与展示"等问题，才能准确揭示博物馆藏品的意义，实现博物馆传授知识、传播信息、休闲娱乐的社会价值。研究连接着"物"与"人"（藏品与观众），也连接着收藏与利用，起着中介和桥梁的作用。可以说，研究水平的高低和连接转化作用发挥的大小，决定了一个博物馆的科学水平及其价值效益。"一个博物馆存在的价值就在于有效地使收藏品及其研究成果为社会公众服务。"博物馆要充分发挥研究功能，保持高水平的科学标准和良好的科学形象，才能成为形象生动、寓教于乐的"知识殿堂"，才能成为观众喜闻乐见的文化机构，才能成为城市的文化高地。

（三）教育功能

博物馆教育功能的演进基于博物馆收藏和科学研究。现代博物馆已经不再是简单的收藏、研究单位，而是致力于成为一个公民终身教育的社会教育机构。在公共文化服务体系中，博物馆是不可或缺的组成部分，为社会文明的发展推波助澜。博物馆教育在博物馆与公众之间架起了一座沟通与互动的桥梁，向广大民众传播科学文化知识和人类文明精神，使藏品及其研究成果为社会公众服务，从而提升公众的科学文化素质、精神面貌。

博物馆的教育活动主要可以分为以下三大类型。

第一，基本教育活动。博物馆具有丰富的资源，它把实物及研究结果结合文字、图片、音频、视频等展示出来，并向社会公众开放，进行普及教育，公众通过观看展览受到教育与启发，这就是博物馆的基本教育功能。博物馆的基本教育内容非常广泛，形式多样，包括主题展示、解说导览、配套音视频播放等。教育方式直观生动，将大量运用文物标本、模型等实物资料作用于观众的感官，激发观众的学习探究热情。博物馆的基本教育活动面向社会全体成员提供有利的学习环境，是公平无差别的教育。当然，博物馆基本教育功能的实现也在很大程度上取决于观众自觉学习、综合利用的程度。基本教育活动是博物馆教育工作的核心。观众通过参观展览、理解展览，能提高科学文化素养，获得自我满足感。

第二，辅助教育活动。为加深观众对博物馆陈列的理解，博物馆还会开展一些辅助教育活动，包括各种讲解服务、讲座、研讨会、出版物、文化活动等。丰富多彩的辅助教育活动是博物馆主动发挥社会教育功能的体现，是一种吸引观众的方式和手段，让观众愿意走进博物馆、亲近博物馆和深入学习。辅助教育活动是有目标、有计划、有主题、有设计的，会分析公众的需求、公众的多样性、目标观众、活动目标等，通过精心组织与策划营造轻松活泼、参与性较高的学习气氛，提供给公众高质量的学习机会，起到传播文化、传授知识的作用。辅助教育活动是有扩展、有内涵、有一定深度的教育，通过激发观众的兴趣来引导观众的学习热情，推动观众深入、长期的关注和探究。

第三，面向学校的教育活动，包括面向学生的课程、教师培训、研究性学习等。学校既可以组织学生到博物馆参加各种教育活动，也可以邀请博物馆的工作人员到学校讲授课程，或者学校老师和博物馆工作人员共同开发实施课程，将博物馆的知识融入学生课程。博物馆是学校的第二课堂，学生通过参观展览、参与博物馆的各项活动，广泛吸收科学、文化、艺术等各方面知识。

美国博物馆界名著《新世纪的博物馆》中对博物馆的教育意义有如下描述：若收藏品是博物馆的心脏，教育则是博物馆的灵魂。美国博物馆协会首席执行官小爱德华·埃博认为"博物馆第一重要的是教育，事实上教育已经成为博物馆服务的基石"。毫不夸张地说，教育工作已经成为博物馆的一项重要工作，博物馆的核心功能就是给观众提供丰富多样的教育！这样，博物馆就不仅是收藏中心、研究中心，还是教育基地、文化中心、学习中心。

以上是博物馆的三个基本功能，随着博物馆的社会功能的不断拓展和多元化，博物馆与社会及公众的关系越来越密切，博物馆日渐成为紧密联系民众的公共服务机构。目前，博物馆在社会经济、政治、文化方面都扮演着重要角色，影响也越发深远。

三、博物馆的其他功能

除了考察博物馆的基本功能，还要把视野放得更广，站在城市、国家，甚至世界的角度思考博物馆的其他功能，比如博物馆的经济功能和文化休闲功能。

（一）经济功能

从博物馆的定义中可以看出，博物馆是"为社会及其发展服务的非营利常设机构"，而且是永久性非营利机构，这就确定了博物馆是一个公共文化机构，不以盈利为目的。但是，博物馆在发挥研究、教育等功能的过程中，经济功能也随之产生。这个经济功能不是博物馆本身要求具有的，而是间接产生的，为博物馆的外缘功能。

博物馆具有独特的历史文化资源，它传播知识与传递文化，逐渐成为展示城市文化旅游魅力的高品质的文化旅游资源，成为大家喜爱参观的文化旅游地。随着人们物质生活水平的提高，人们的精神文化需求与日俱增，不再满足于一般的休闲目的，而是希望参观博物馆，通过多样化的文化欣赏、文化消费获得自我认知，进而了解社会和世界，获得精神满足感。很多专家认为现代博物馆应当满足人们"实用性"的需求。还有专家认为：现代博物馆应发展成为一个多功能的殿堂、一个大型的商业集合体、能包容一切的场所，十分有必要在博物馆中开辟剧场、咖啡店、音乐中心、酒店及纪念品商店等公共休闲场所。[1] 于是，博物馆也就起到了促进文化消费的作用，具体体现在以下几个方面：（1）门票收入。虽然很多博物馆都加入了免费向公众开放的浪潮，但仍有一些博物馆需要购买门票才能进入，门票收入是博物馆资金来源的一部分。（2）文创产品经营收入。博物馆销售展览相关的文物复制品、农产品、出版物、纪念品、服饰、工艺品等，受到了观众欢迎，观众愿意花钱购买具有博物馆特色的文化产品，在消费博物馆文化产品的同时获取知识和艺术的享受及文化素质的提升，也起到了推动公众爱护和保存人类文化遗产的效果。（3）藏品、展厅租借以及举办巡回展览、专题展览、教育活动等获得的收入。随着博物馆的活动半径日益扩大，博物馆的文化交流活动日益增强，流动性展览、教育活动也逐渐增加，博物馆在这方面的收入日益增多。

以上三方面是博物馆融入文化产业、旅游产业产生的有形经济效益，实际上，博物馆对社会的经济影响还存在难以量化的无形效益。博物馆给城市带来了人流、资金流，加快了物流和信息流的流动速度，不仅推动了文化产业的发展，也带动了吃、穿、住、行、游、购、娱等其他产业的发展，比如运输业、餐饮业、通信业、商业和保险业等产业的发展。从国家经济层面来说，博物馆也是国家经济发展的重要组成部分。博物馆是国家对外交流以及展示本国历史、文化、民俗的一个重要窗口，也是吸引外国游客、吸引投资的重要方式。从区域经济层面来说，博物馆提升了城市的吸引力和竞争力，增加了就业机会，促进了区域经济的发展，甚至带来区域社会的全面发展。

正是基于博物馆的经济功能，博物馆有必要提升管理效率，开展博物馆营销，扩大影响力，吸引更多的人流，更好地发挥博物馆的社会效益和经济效益。但是，博物馆始终是非营利性组织，所以，博物馆营销的目的、

---

[1] 陈琴.国内外博物馆旅游研究综述[J].旅游学刊,2004(3):15-21.

方法、特点等方面都与营利性组织存在显著差异。"博物馆营销的主要特点是其对象是广泛的，其用户是多元的，其产出是分层的，其产出内容多为教育性的，其重点是建立与用户的密切联系。"[1] 博物馆营销的目的首先是充分发挥博物馆的社会效益，提高公众的科学文化素养，其次才是考虑它在经济发展中的作用。

（二）文化休闲娱乐功能

随着现代博物馆的核心从"以物为中心"转变为"以人为中心"，博物馆与公众的距离越来越缩小，研究公众也成为博物馆研究中的一个重要事项。而且，随着博物馆社会作用和社会职能的进一步拓展，当代博物馆正从文物标本的保藏、研究机构转变为社会文化财产托管机构、社会文化遗产的保护和管理机构、社会教育机构和社会文化休闲机构。[2]

第二次世界大战后，人们的物质生活水平不断提高，精神状态发生了深刻变化，对精神生活提出了更高要求，有了更多学习、艺术鉴赏、文化娱乐等方面的需要。一些博物馆学者在对观众进行调研的基础上，发现了公众明显的文化休闲娱乐需求，提出博物馆应该满足观众的休闲娱乐需求。英国相关政府机构曾经进行过一次全国范围的博物馆观众随机抽样调查，统计结果显示，超过三分之二的博物馆参观者表示，他们参观博物馆的主要原因之一是为了满足自己的兴趣爱好、进行旅游休闲或者丰富个人业余生活等娱乐性需求。博物馆的馆藏拥有悠久的历史、独具匠心的艺术价值和对社会与自然科学有所贡献的科学价值，是高质量的文化信息。参观博物馆能够带给人们美的享受、精神的满足以及心灵的愉悦。

20世纪70年代后，一些西方国家产业结构向后工业化时期转变，服务业在国家经济结构中所占比例逐渐增加，旅游业在全球范围内蓬勃发展，相关娱乐、服务和交通行业也得到了促进。因此，随着文化消费和休闲消费逐渐成为潜在的博物馆资金来源，博物馆也得到了发展的机遇。此外，

---

[1] 宋向光.物与识——当代中国博物馆理论与实践辨析[M].北京:科学出版社，2009:459.

[2] 宋向光.物与识——当代中国博物馆理论与实践辨析[M].北京:科学出版社，2009:391.

博物馆的教育观念发生了变化，学习主体、个性化教育、寓教于乐等观念开始占据上风，传统的博物馆说教、灌输观念受到批判，如何引起观众的关注、激发观众的好奇心和兴趣、鼓励观众参与成为博物馆教育的新课题。当然，当博物馆放低身段，与感官刺激、身心愉悦、休闲轻松等联系在一起时，背离了博物馆高雅文化、知识殿堂的传统形象，在博物馆界掀起了争论。但是，为了筹措更多资金，以便更好地发挥博物馆的收藏、研究、教育功能，为迎合文化消费和休闲消费市场，一些博物馆开始试着组织娱乐性活动。这些尝试的成功渐渐平息了争论，使得博物馆的休闲娱乐功能得到认可。

2007年，国际博协修订了博物馆定义："博物馆是一个为社会及其发展服务的、向公众开放的非营利性常设机构，为教育、研究、欣赏的目的征集、保护、研究、传播并展出人类及人类环境的物质及非物质遗产。"人们将带有休闲娱乐意味的"欣赏"目的列入了博物馆的定义中。

博物馆在传统功能的基础上需要开拓创新，开发休闲娱乐功能，向公众提供有趣味、有吸引力的服务。首先，博物馆在环境打造上进一步追求舒适宜人的效果，不但环境优美雅静，而且咖啡厅、餐厅、商店等各类服务配套设施一应俱全；其次，陈列设计通俗易懂，融入各种视觉、听觉、触觉等素材，丰富生动，并使用多媒体技术、信息技术加强互动性和体验感，提高展览的趣味性、亲近性；最后，教育活动寓教于乐，在内容、形式、风格、参与方式等方面大举创新，激发观众的好奇心与探索欲，使观众获得愉悦、新奇、惬意等娱乐性享受。

需要注意的是，娱乐功能是博物馆的外缘功能，绝不能成为博物馆的核心功能。"博物馆功能是博物馆与社会环境交往交流的联结点和基本方式。"只有立足于博物馆的基本功能，挖掘开发博物馆的其他功能，才能让博物馆充分发挥完整的作用。

第二节　教育：博物馆的核心功能

"教育"是指培养人的活动，它有狭义教育和广义教育之分。狭义教育是指教育者根据一定的社会或阶层要求,有目的、有计划、有组织地对受教育者的身心施加影响,把其培养成为一定的社会或阶层需要的人的活动。广义教育泛指增进人们的知识技能,影响人的思想品德的一切活动,是知识的传递与心智的训练。广义教育是由不同层次、不同部门组成的一个大系统,总的来说,包括学校教育、家庭教育和社会教育三个部分,它们也被称为现代教育的"三驾马车"。博物馆教育隶属于社会教育,是教育大系统中的一个重要组成部分。

博物馆教育是由博物馆通过收藏、保存、研究、传播并展出人类及人类环境的物质及非物质文化遗产,为满足观众自我教育、自我发展、自我完善的要求而组织的非强制性教育。在当代博物馆的各项功能中,教育功能已经成为核心功能。博物馆为观众创造学习氛围,提供适宜的学习内容,提供多种学习手段,以激发公众的潜在学习欲望,扩展个人的眼界,最终促进国家强盛和社会发展。

回顾博物馆的发展历史,"教育"是如何演变为博物馆的核心功能的呢?

一、中世纪的博物馆,教育功能萌芽

Museum 成为博物馆的名称,它的原意是指供奉司艺术与科学的九位缪斯女神的神庙。在古希腊神话中,缪斯女神是学者、诗人、戏剧家、历史学家、艺术家等的守护神,代表着精神和知识的美。由此我们可以看到,人们从一开始就将博物馆与知识、艺术联系起来,对博物馆寄予了厚望。同样,人们在追溯博物馆的渊源时,往往会提到公元前 6 世纪亚里士多德的收藏和研究,以及公元前 3 世纪常驻很多著名学者开展研究工作的古埃及亚历山大博学馆。实际上,当时的社会收藏形式多样,如个人、富豪、宗教、皇室等;收藏的规模不一,大大小小、多多少少的收藏都有;收藏者目的各异,比如积累、猎奇、怀旧、炫耀、升值、供奉、研究、学习等。但是,人们只把那些具有汇集、整理、研究作用的收藏认为是博物馆的渊源。这也意味着博物馆是知识汇聚之处,人们期望博物馆要扩展知识、传播知识。

16 世纪出现了画廊和储藏室,这是博物馆的新类型,前者主要展出绘画和雕塑，后者则是摆满了各种动物标本、物件、人工制品、艺术品、古董的房间。但是，这两类博物馆很少对公众开放。16世纪，真正意义上的植物园才出现。比萨大学（1543年）、帕多瓦大学（1545年）、博洛尼亚大学（1567年）、莱顿大学（1587年）、蒙彼利埃大学（1593年）里建造了植物园，药剂师、草药师、医生也会建造药用植物园，他们主要利用这些植物园进行科学研究或提供治疗。中世纪的教会、教堂、修道院和学校是宗教文物重要的收藏场所。他们利用这些藏品传播宗教教义，扩大教会影响力。从某种程度上看，这是博物馆教育功能的萌芽。

17世纪以前的博物馆以保存、研究为目的，是自然科学和社会科学的汇聚之处。当时的博物馆基本上是富豪、贵族的私人收藏室，供少数人观赏，很少对公众开放，所以，教育功能很不明显，但教育功能已经在萌芽。

二、17、18世纪的博物馆，教育功能逐渐产生

17世纪，近现代博物馆出现。实际上，近现代公共博物馆早在倡导人文精神的意大利文艺复兴时期就开始孕育了。当时从事科学研究的学者们力图揭示、积累和总结人类物质世界和精神世界的客观规律，并在力所能及的范围内实现知识的交流和传播，使其成为被人们普遍认同的知识。博物馆作为当时的科学中心、研究中心，为现代教育奠定了知识基础。

17世纪的欧洲，资本主义变革在各国兴起。17世纪后期，资本主义生产制度和现代科学体系的发展为近现代公共博物馆的出现提供了社会条件。博物馆广泛收集科研资料，为科研服务，促使其系统构建科学体系。

当时的博物馆或与图书馆并立，或与大学共存，大学以博物馆为中心建立起来，成为科学知识和社会知识的殿堂，比如1671年巴塞尔建成的第一座大学博物馆。这时的博物馆主要是为科研人员服务，为特定学科和专业的学习者服务，开展以观察实物和实践操作为基础的教育，其他的博物馆观众并不多，当时博物馆教育对象的范围比较狭窄。17世纪末，博物馆开始步入公众生活。1683年在英国牛津大学建成的阿什莫林博物馆在丰富藏品的基础上开展科研和教学活动，并且向社会公众开放，观众参观时还有博物馆工作人员陪同介绍。开放的博物馆展示那些被研究的实物，科研成果丰富了人类知识，为奠定现代科学体系作出了贡献。

18世纪中期，西方社会普遍进入工业化发展时期。蒸汽机的使用使社会生产进入大规模机械化生产的阶段，工业生产领域大批技术水平低的劳动者急需提高文化素质和生产能力。博物馆则承担起了社会教育的责任，积极传播新知识，拓展人们对世界的认识。同时，博物馆也进入快速发展期，世界各地出现了一些新类型的博物馆。1750年左右，光梵蒂冈就建立了几座博物馆。1753年，大英博物馆建立，它以其数量众多的藏品、百科全书式的内容结构、密集展示的陈列形式，将博物馆推到了社会变革和社会文化建设的中心。1793年，法国卢浮宫向民众开放，成为公共艺术博物馆，体现了资产阶级的"自由平等"理念，贯彻了"艺术属于所有人民"的原则，不论民众的社会地位、种族、性别、文化程度等有什么差别，都可以来参观。卢浮宫发展为社会服务机构，在世界博物馆史上留下了浓墨重彩的一笔。此后，博物馆逐渐成为社会发展和体现公民权利不可或缺的社会文化机构，公共性慢慢成为博物馆的基本特性，博物馆的教育职能也产生了。

美国的博物馆是在欧洲博物馆转型之后才发展起来的，美国博物馆一经产生就与教育相联系。而对美国博物馆教育理念作出重大贡献的是查尔斯·威尔逊·皮尔，他在1792年的一次博物馆文物募捐会上讲道："收集并保存能够得到的各种动物和化石，将它们向公众展示是创办这所博物馆的第一个目的。我希望展出这些物件的各种形态，也希望通过这些尝试能给人带来愉悦和启迪。"

随着英国阿什莫尔艺术和考古博物馆、大英博物馆以及法国卢浮宫的开放，博物馆逐渐走向社会化。此时，博物馆开始充当教育的角色，这也凸显出博物馆功能的重要性。这个阶段的博物馆教育呈现出以下特点：（1）与大学关系密切，是大学的"第二课堂"，主要是辅助学校教育，弥补学校教育"书本知识"的不足之处；（2）博物馆的工作理念是"以藏品为中心"，博物馆工作人员所做的一切都要服从于藏品，他们将藏品与科学置于至高无上的地位，高高在上地传播知识，观众的参观则仿佛是向藏品顶礼膜拜，观众的作用被忽视；（3）博物馆对社会公众的教育规模不大，范围还很有限。

三、19世纪的博物馆，教育功能得到发展

19世纪，随着资本主义生产制度的继续发展，机械化生产比重扩大，大量人口集中到城市，社会对劳动者素质也提出了更高的要求。公立学校教育作为覆盖广大民众的文化普及方式迅速得到发展。为使民众能理解和适应新的社会生产关系，掌握新的谋生技能，减少社会变革造成的冲击和震荡，一些资产阶级学者和社会团体提出了"社会教育"和"民众教育"，并注意发挥学校之外的其他社会教育机构的作用。

19世纪，美国将博物馆教育功能发扬光大，并且扩展到了世界范围内许多其他国家。美国的乔治·勃朗古特明确提出，博物馆"必须为教育服务"，使博物馆成为民众的教育机构和学校教育的有力辅助工具。自1869年起，美国开始兴建科技博物馆以普及科学知识，并开始流行利用博物馆推广科学知识的做法。到了1910年，一些美国专家提出了博物馆向学校师生提供教育服务的建议，并认为各地教育行政部门应该支持和参与，以促进博物馆与学校建立伙伴关系。这个阶段的博物馆的教育功能得到发展，具体呈现出以下几个特点。

（1）博物馆向社会公众传播科学知识和劳动技能。1830—1840年英国机械协会通过博物馆组织利用科技仪器的展览和讲演，介绍科技知识，此类活动不少于50次。1753年，英国政府颁布《大英博物馆法》，规定地方政府应支持博物馆和图书馆事业，由此拉开了博物馆成为社会教育主力军的序幕。而当时的工业化使人们有比较规律的休息时间，这也为博物馆教育的开展提供了有利条件。1852年，以博览会展品为基础的南坎星顿博物馆建成开放，每周免费开放三天，闭馆时间甚至延长到晚上，以方便白天工作的劳动者参观，也为那些没有机会去学校学习或毕业后仍需要继续学习的人提供学习机会。同期，美国博物馆也着手组织教育活动，内容侧重于传授新技能、新技术和提高产品设计水平。

（2）博物馆的展览功能开始经历一些变革，藏品的展出开始围绕某一至关重要的系统（分类学）进行，有的博物馆还会根据学校的教学要求和教学内容布置陈列。19世纪50年代，德国日耳曼国家博物馆采用了组合陈列法，不再将藏品的保存和展示混为一谈，而是专门划设陈列室，按照一

定的教育目的精心组织藏品陈列,有计划地向观众传授知识。这种做法被视为博物馆教育行为的开端,同时被认为具有近代特色。瑞士的博物馆馆长们也尝试以文化历史模式来布置展品,以时间为线索,把藏品放置在不同的展厅中进行展示,以便观众了解国家不同时期的历史。1851 年,在英国伦敦举行的世界博览会上,展出了大量工业革命机械化生产的产品。这次博览会扩大了以实物教育为特色的博物馆的影响力,引起了全球轰动。博物馆的教育价值因此得到更多有识之士的认可。

(3) 19 世纪后期,博物馆积极配合和更深入地参与学校的教学活动。英国一些博物馆开始组织专为学生安排的活动。1884 年,英国利物浦博物馆率先开展向学校出借教学标本的活动,并为此设计制作了专门的标本箱,箱内摆放学校教学需要的自然标本,箱体设计牢固便携,方便学校借用,最多时有 106 所学校与该馆建立了藏品借用关系。教师们反映,用藏品教学的效果非常好,能够吸引更多的学生。

此外,英国乔纳森·哈清森于 1888 年、1895 年分别建立了两所博物馆,这两所博物馆以传授知识和教育为宗旨。其中一所博物馆还组织学生来上课,博物馆为学校的教学要求和教学内容专门布置陈列,70~100 名学生可坐在展厅中听藏品管理人讲课,可直接观察和触摸标本。该馆还于 1904 年增建了专用教室,并组织了面向广大学生的"藏品知识竞赛",凡 18 岁以下的学生都可参加。1899 年,英国米勒·哈瑞斯博物馆与学校合作,组织知识竞赛,在竞赛准备期间组织学生来馆参观,寻找考题的答案。同年,世界上首座儿童博物馆在美国纽约市布鲁克林区建成开放,这所博物馆的主要服务对象是少年儿童,社会教育活动也是根据儿童的特点进行组织,如观察藏品、野外采集、兴趣小组、动手活动等。

(4) 19 世纪后期,博物馆进入专业化建设阶段,博物馆事业进入迅速发展时期。博物馆注意到博物馆教育与学校教育的区别,学校与博物馆可以取长补短,互为依靠,为加强和完善教育的目标开展合作。博物馆开始注意到观众的重要作用,博物馆虽然还是以灌输式教育为主,但已经注意到观众的学习能动性。

四、20世纪的博物馆，教育功能发展扩大

20世纪，博物馆大众化方向确定，教育职能真正崛起，博物馆事业以日新月异的速度发展着。毫不夸张地说，这个世纪的每个十年，博物馆都有不小的进步。博物馆已逐步成为独立的社会文化机构，并开始长期承担学生校外教育和成人教育的重要角色。博物馆的教育职能也不断扩大，已经成为社会教育中一个非常重要的组成部分。

（一）20世纪初期

20世纪初期，大多数博物馆确立了应该坚持"为民众服务"的原则，极大地鼓舞了博物馆开展社会教育的热情。美国逐步建立了博物馆教育制度，通过讲解帮助来馆参观人员了解文物内容，这也成为现代博物馆的主要教育方式。1906年，美国波士顿艺术博物馆中设立了专职讲解人员，在每周二、四、六的上午，讲解人员给10人左右的参观团体进行一小时的讲解。此外，在每个星期四的下午，由藏品管理人和访问学者主持关于藏品的讨论。同年，为了解观众在博物馆中学习的成效，波士顿艺术博物馆还开展了对观众参观行为的观察研究，发现了"博物馆疲劳现象"，并采取按照人体工程标准布置展品，改善参观环境等措施消除博物馆疲劳对参观的影响。1917年俄国十月革命胜利后，博物馆成为全民所有的公共财产。苏联政府强调博物馆的社会教育职能，将博物馆打造成向人民传授科学文化知识和共产主义理念的重要阵地。苏联还在实践中创造了以展示地方自然资源、历史发展和革命进程为主要内容的地方史志性博物馆，在博物馆中安排了专职的讲解员。

20世纪20年代，第一次世界大战结束后，博物馆教育出现了新局面。在英国，由于战争的破坏，博物馆工作资源紧缺，博物馆将工作重点放在藏品的收集和研究方面，教育工作不得不退居次要位置，只有很少一些博物馆继续组织教育活动。同时，由于战争严重破坏了学校的教学设施，博物馆加强了与学校的联系，增加向学校出借藏品的业务。

20世纪30年代初，美国经济大萧条，大批工人失业，社会问题严重，剧烈的社会动荡将美国博物馆教育推向新阶段。博物馆注意到失业人员无

处可去，一些博物馆组织失业人员来馆参观，并安排专人讲解。一些基金会也资助博物馆组织社会教育活动，纽约大都会艺术博物馆组建了教育部门，并利用广播介绍博物馆的收藏和相关知识。美国一些高校与研究机构的研究人员进行了大规模的观众参观行为调查。20世纪30年代末，在继续"艺术至上"与"艺术是民主助产士"的讨论后，博物馆界达成共识：博物馆不是储藏所，应当发挥教育作用和提供多种服务。1937年，巴黎大学创建了"发现宫"，这座博物馆成为博物馆现代化发展的典范。这座博物馆打破了传统科技馆陈列静止的形式，向观众展示科学实验并提供了观众自己动手进行实验的设备，从而将博物馆科普教育的功能推向了一个全新的阶段。20世纪40年代后期，博物馆界在解决了博物馆"为什么人服务"的问题（答案是为所有公民服务）后，开始思考探索"如何服务"。学校为提高教学成效，采用"实物教学"这种独具博物馆优势与特色的方法。同时，博物馆也意识到灌输方法的弊端，开始探索其他适合的教育方式。西奥多·洛说："博物馆已经认识到，它们的存在是为公众服务，而接受服务的公众有着明确的要求和愿望，并拒绝博物馆试图灌输给他们的东西。"1946年，国际博协作为推动世界各国博物馆交流和发展的国际组织，将明确博物馆自身的特性、博物馆在现实社会中的地位和任务作为其工作的重点。

（二）20世纪中期

第二次世界大战后到20世纪60年代，世界各国休养生息，社会主义和资本主义阵营之间的冷战逐步升级，博物馆教育也随之出现了新特点。20世纪50—70年代，国际上已经把博物馆视为集保藏、研究、教育于一体，供民众欣赏的文物收藏机构、科学研究机构、文化教育机构。如果说此时博物馆的第一关键任务是科学研究，那么教育则摆在第二位。国际上提出了"终身教育理念"，在这一理念的刺激下，博物馆为公民提供了"终身学习"的环境与条件，各国的博物馆教育迅速发展。这样一来，美国博物馆学界将"教育职能"视为博物馆的首要职责。

（1）由于世界各国政治、经济、科技的发展，社会对文化遗产更为重视，对历史与现实的联系更为重视，再加上社会教育事业的新发展，都促进了博物馆事业的变革，使博物馆教育增添了新内容，出现了新局面。

（2）一些西方国家从工业经济向服务经济转型。联合国教科文组织国际教育发展委员会提出全民教育、终身教育和学习型社会的发展目标。博物馆教育明确了自己非正规教育、非强制性教育的特点,提出了"全方位"的教育理念,工作重点向社会教育倾斜,在继续做好辅助学校教育工作的同时,为满足观众"成人教育""继续教育"的愿望,组织专题陈列,向观众介绍最新科技成果,回答人们普遍关注的社会问题,满足观众"自我教育,自我完善"的学习要求,促进公民的全面发展。

(3) 国际博协于 1974 年指出:博物馆"是为社会和社会发展服务的,向公众开放的常设性机构"。博物馆认识到观众在博物馆教育中的重要地位和作用,他们是积极、主动、自主、自愿的学习者,并呈现出多样化的特点,"多元文化阐释"等理念成为新世纪博物馆的发展方向和未来。博物馆教育工作者组织了广泛的公众调查工作,以求更透彻地了解观众的需求、期望、行为表现、学习模式和学习效果。研究人员还针对各种博物馆教育方法对观众学习的影响进行了研究。经过研究发现:博物馆观众不再是被动的信息接收者,而是有着个人观点、知识体系和学习能力的主动的学习者。博物馆教育工作的最终评价标准只能是受教育者的学习效果,博物馆教育必须根据不同观众的特点组织有针对性的教育活动。

(4) 根据主题来组织教育活动。博物馆教育工作从藏品的附庸转变为藏品的"主人",开始组织独立的教育活动,不再只是单纯讲解和解释博物馆中已有的展览,而是根据特定的主题利用展览和藏品来实现特定的教育目的。数据显示,截至 1975 年,美国约有 90% 的博物馆向学校提供教育活动,70% 的博物馆将学校教育活动作为例行活动。[1] 20 世纪 70 年代初,还出现了新的博物馆类型——生态博物馆,为博物馆教育开辟了新的工作领域。生态博物馆提出让社区居民成为博物馆工作的主导者,博物馆既是民众自我教育的场所,也是让外来人士了解当地自然、社会、传统和发展道路的窗口。

(三) 20 世纪晚期

20 世纪下半叶,博物馆的教育功能不断扩大,围绕博物馆教育的讨论推动了相关理论的形成,为博物馆教育未来的发展方向和基础奠定了基础。

20 世纪 80 年代,西方国家的博物馆教育在理论研究和组织建设上都得

---

[1] 吴镝. 美国博物馆教育与学校教育的对接融合[J]. 博物馆教育,2011(5):125-127.

到了突出发展。美国博物馆教育人士成立了专业性团体，最初称为博物馆圆桌会议，后改名为博物馆教育委员会。它在总结博物馆教育工作经验的基础上，开始探讨博物馆教育的基础理论，将多元智能理论、"做中学"理论、自主学习理论和认知学习理论等应用于博物馆教育实践。在发展中国家，博物馆根据本地居民的文化水平和发展需求，因地制宜地开展扫盲和普及科学知识的活动。许多博物馆为保障博物馆教育业务的开展，对博物馆资源进行整合，组建了专门的博物馆教育部门。

20世纪90年代，"博物馆教育是重要功能"已成为每一个博物馆工作人员的共识。当时世界经济全球化趋势明显，"知识经济"初露端倪，电子计算机和互联网的迅速发展使信息和知识以电子的速度在全世界传播。信息技术的发展使得博物馆教育在全球范围内得到了广泛的传播和推广。互联网的普及使得人们坐在家中就能够远程参观世界各地的博物馆，并能够根据自己的需求和兴趣获得博物馆所提供的丰富信息。很多博物馆也积极利用新兴科技，组织了大规模的特殊展览，这些展览通常深刻地体现了教育内涵。同时，在此期间，受到先进理论的影响，欧洲的许多博物馆开始举办具有高度互动性和操作性的展览。博物馆教育确立了"为社会发展服务，以观众为导向"的工作思路，主动运用信息技术手段，在更大范围和深度上开展有效的教育活动。博物馆教育工作者注意到，人们根据自己的经验和需要来解读博物馆的藏品、信息和作用，博物馆不仅要一如既往地为公众提供系统的知识，还要根据社会发展需求，努力加强民众的学习能力和学习意愿。博物馆教育的理论建设也有突出表现，英国学者构建了"信息传播模式"，美国研究人员提出"个人、社会、环境多因素互动模式"和"建构学习模式"。这些理论有助于更准确深入地理解观众学习行为，也为博物馆组织多样化的教育活动提供了理论基础。在大力组织丰富多彩的教育活动的同时，博物馆教育工作者积极参与陈列设计、宣传促销和行政管理等各项工作，以充分体现和加强博物馆教育职能。1994年，英国的《博物馆与美术馆教育》（*Museum and Gallery Education*）一书指出：博物馆内开展的活动，包括物品的收集与保护、展览的设计、大型活动等都具有教育的意义，博物馆就是一个教育机构。美国博物馆界提出博物馆教育工作的目标是"卓越和平等"，其注意到了国民素质的提高、文化多样性和种族歧视等社会问题。博物馆教育开始更注重教育效果，不以"做了些什么"

为满足，而是强调博物馆教育要有明确的学习效果评估标准，要有助于观众知识、技能、行为、观念、道德情操等多种能力的发展。

总之，博物馆教育的发展与博物馆事业发展息息相关，博物馆教育是博物馆履行其社会责任的重要手段。20世纪博物馆的重要目标是通过展览、教育和文化传承来推动社区发展和提供社会福利，并在全球范围内扩大大众教育的影响。与学校一样，博物馆成为传输文化知识的重要机构。在这个过程中，博物馆越来越注重如何吸引观众，并因此将公共服务的重要性放在了藏品保护之上。从广义而言，博物馆演变成了以阐释为核心的机构，不断激发观众进行思考，并实现它与观众之间的沟通和交流。

五、21世纪的博物馆，教育作为核心功能的地位确定

随着21世纪的到来，人们逐渐意识到人与自然和谐共处以及全面发展人类社会、促进不同文化之间的交流与互惠已经成为全球人民的共同渴望。在这个新的时代，人们开始重新思考"究竟这该是谁的博物馆"的问题，以及博物馆教育的角色与功能。环境条件在变化，社会需求也变得多样性，博物馆不断变革完善，形成了丰富多彩的种类样式，博物馆的核心使命就是要将保存的人类智慧转化为促进社会和谐发展的智力资源。同时，随着科学技术日新月异的发展，博物馆教育工作者将传统的实物教学与当代信息技术、数字技术结合起来，开辟了博物馆教育的新局面。

2007年8月24日，国际博协发布修订的博物馆的定义，即"博物馆是一个为社会及其发展服务的、向公众开放的非营利性常设机构，为教育、研究、欣赏的目的征集、保护、研究、传播并展出人类及人类环境的物质及非物质遗产"。国际博协将博物馆的教育职能排在了第一位。社会教育在国际范围内已成为博物馆的首要职能，并得到博物馆学界的普遍认可。

21世纪的博物馆应该发挥其作为教育资源的优势，吸引更多来自不同阶层、不同地区、不同文化水平的观众，为各个阶层的观众服务。随着博物馆与社区的关系越来越近，与观众的距离越来越近，博物馆还要不断拓展新的服务领域，进一步培养和增强公众的博物馆意识，促进博物馆的可持续性发展。

第三节　中国对博物馆教育功能的认识发展历程

中国古书上并无"博物馆"一词，只有"博物"一词，指的是博识多知、博学多才。"博物馆"这一术语直到中国近代才产生。尽管在中国以前没有"博物馆"这一名词，但与之相似的机构却早已存在了一段历史。博物馆是在中国社会逐步迈入近代化的过程中引进和产生的。到了近代，人们才认识到博物馆具有教育功能，这也经历了一个曲折的过程。

近代中国人对"馆藏"的认知始于鸦片战争，最早是从林则徐所著的《四洲志》中得知的。有学者认为，至迟在1842年，中国人就已用"博物馆"这个名词来引介外国的博物馆，但他们未必知道它是什么。鸦片战争后，伴随着中国与西方的交往，一大批文人开始自费到海外游历。在19世纪40年代，清朝派遣了大量的官员和学者前往西方国家进行学习和考察。他们成为中国历史上首批实地考察现代博物馆的人士。但是，他们对博物馆的了解仍处在初级阶段，对于博物馆的记载，大部分只是一种简单的描述。在游记中多用"公所""行馆""画阁""万兽园""生灵苑""积骨楼""军器库""集宝楼""积宝院""集奇馆""积新宫""古器库"等词汇或直接使用音译来描述他们见到的博物馆。同治五年（1866年），斌椿和他的儿子以及他的同文馆的五名学子，组成清朝第一个派往欧洲的使节团。斌椿在他的《乘槎笔记》中有这么一段话，巴黎"玻璃巨屋，高约十丈，宽广倍之，内贮名画无数，真绘水绘声之笔"，英国君主行馆"殿宇高广，四周房三千六百间，凡三层……内贮珍宝甚夥，有碧玉瓶，高六七尺……陈设之富丽，甲泰西矣"。在同治七年至九年（1868—1870年），清政府向西方国家派出了第一个外交使团，其中的总理衙门章京志刚后来写道："泰西各国，皆有聚集草木鸟兽之所，借资多识。"虽然他看出博物馆能够"借资多识"，但对博物馆也只是客观地记载。

总体而言，19世纪70年代以前出国的官员和知识分子所作的"域外纪事"，多是对博物馆实物、建筑等的客观记载，以及对博物馆的单纯赞美，很少提到博物馆的教育作用。钟叔河对前期外域纪事的价值作了全面的评估,并说:"林针、罗森出身市井,斌椿、志刚隶属八旗,思想见解都无足称,其载记的价值大抵只在客观记录这一方面。"这主要是因为现代博物馆作为一种外来的产物,在清末,人们对于博物馆及其教育作用的理解在很大程度上受到了西方文化的直接或间接影响。但自鸦片战争以来至1860年,西方文化在上海、广州、宁波、福州、厦门等多个贸易港口之外,并无长足发展。此外,西方学者以科技文献为主,有关社会文化教育的文献甚少。所以,在这一阶段,有关博物馆的知识介绍与传播十分有限,这也直接造成了我国知识分子对于博物馆的认知十分有限。1860年后,中国译介的西文图书数量不断增多,面面俱到。西书中还包括哲学、历史、文学、教育方面的书籍,《万国公报》《中西闻见录》《益闻录》《申报》等报刊也传播了博物馆的相关知识,这都有助于中国知识分子更好地理解博物馆及其教育作用。

但是,在早期出国留学的中国人中,还是有一位有先见之明的人物,即王韬。王韬曾在墨海书屋做过一段时间的外文翻译,同治六年(1867年),他到欧洲旅行,对英国的博物馆进行了访问,并作了记录:"英之为此,非徒令人炫奇好异,悦目怡情也。盖人限于方域,阻于时代,足迹不能遍历五洲,见闻不能追及千古;虽读书知有是物,究未得一睹形象,故有遇之于目而仍不知为何名者。今博采旁搜,综括万汇,悉备一庐,于礼拜一、三、五日启门,纵令士庶往观,所以佐读书之不逮而广其识也,用意不亦深哉。"在参观博物馆时,他又记录:"院中专储古器,凡木石金玉、书画物玩,远至三千年,近亦数百载。其制度规模,俱可因是以想见,固足资考鉴者之一助也。"由这些文字可见,王韬已经认识到博物馆可以"佐读书之不逮而广其识",也就是说,博物馆通过收藏这些实物,可以扩大人们的知识面,深化人们对这个世界的认识。博物馆还可以"资考鉴者之一助",也就是起到了辅助科研、提高科研水平的作用。对于博物馆的教育功能,王韬是国内最早意识到的人。

1868年,法国传教士韩德在上海建立中国第一个公众博物馆——徐家汇博物馆。但是,这个博物馆并非以向中国人民普及知识为宗旨,而是更多地服务于西方人的殖民统治,并广泛搜集中国收藏品。

19世纪70年代后,中国社会各界人士开始重视博物馆的教育作用,并将其与培养人才、促进国家富强等问题紧密相连。郭嵩焘曾在光绪二年

(1876年)访问英国,对该美术馆进行了大量的考察,并对其作了详尽的记载。"西洋专以教养人才为急务,安得不日盛日?"黄遵宪在光绪五年(1879年)也曾说过,"博物馆,凡可以陈列之物,无不罗而致之者",可以"广见闻,增智慧""以启人智识"。陈家麟在光绪十三年(1887年)访问东京教育馆时,曾这样记载:"苟能寻绎其意,不难开创一格,架前人而上。"二者均认为博物馆展品能使人提高技艺,获得新知识,这也是对博物馆实物的教育作用的一种概括。到"戊戌变法"前,清末的知识分子们对于博物馆的教育作用已有相当程度的了解,这也为后来的先进知识分子更好地理解和实践博物馆的作用打下了良好的基础。19世纪末期,中国人面临一场重大的生存危机,这场危机给中国人带来了巨大的灾难。在我国,有志于兴办博物馆的人士,希望借此普及现代科技,尽快提升国民的综合素质。维新运动的领袖人物,如康有为、梁启超,都主张以改善教育、倡导西方文化为出发点,尤其重视馆藏的教育功能,重视馆藏对学堂和格物致知的促进和辅助作用,寄希望于博物馆可以"广见闻而开风气""成国家有用之才"。但是,清政府把这件事看作革新派企图改变封建主义社会制度与思想的一件大事,对这件事置之不理。

1900年后,张謇、罗振玉、严修等一批知识分子从戊戌变法领袖那里继承和发扬了对博物馆教育功能的观念,并开始关注其在科技和文化教育中的作用。与此同时,伴随着科举制的废止,新式教育也得到了迅速发展。在这种情况下,中国引进了一种专门的博物馆——教育博物馆。它是一种以展示校舍、校园卫生等资料,书桌、椅子、黑板等学习用具,以及物理、化学实验仪器、博物志、模型、挂图等教学用具,并以此为主要目的,用以支持和改进教育的新的教学方式。光绪二十九年(1903年),清政府颁布《奏定学堂章程》,又称"癸卯学制",它是中国首次由官府颁布,并在全国实行的"学制",为中国现代教育打下了坚实的基础。《奏定学堂章程》中的《优级师范学堂章程·附属学堂章》明确规定,优级师范学堂"应附设教育博物馆,广为搜罗中国及外国之学堂建筑模型图式、学校备品、教授用具、学事统计规则、教育图书等类陈列馆中,供本学堂学生考校,并任外来人参观,以期教育之普及修改",其目的是发展新的学校和新的教学方式,同时促进教育博物馆的发展。在此情况下,中国人建立了自己的第一个博物馆——南通博物苑。紧接着,湖南教育博物馆等一系列早期教育博物馆相继出现。

1905年，中国近现代企业家张謇在南通创办了南通博物苑。我国的博物馆虽然起步较晚，但从其成立之日起，便与教育紧密相连。张謇认为，不论国立或地方性的馆藏，其功能均在于辅助学堂教育。这一思想在南通博物苑的创建与管理中始终被贯彻着。他在南通师范教育中，"为南通师范教研之需"，建立了南通博物苑。南馆入口处挂着一副对联，"设为庠序学校以教，多识鸟兽草木之名"。南通"博物苑"在本质上是一个综合性的博物馆，是一个集植物园、动物园、历史文物、天然标本于一体的地方性综合博物馆，能为南通师范院校提供多个专业的实物教学服务。南通"博物苑"在帮助学生读书、对民众进行教育、开创新的生存模式等方面起到了很大的作用，它虽不像西方国家以传播西方文化为目的的博物馆，但在中国近代历史上，作为中国人自己建立的公共博物馆，绝对是一个典范。

在那个时候，有两个人对博物馆教育有很深的了解，一个是蔡元培，他认为："博物馆是重要的社会教育机构。"另一个是杨钟健，他认为："博物馆相当于若干个大学。"那时候，我们国家的博物馆是属于教育界的，所以许多新成立的博物馆，就以教育界的名义来命名。这一时期博物馆在教育中的作用表现为：以博物馆为辅助，以科技为辅助。苏东海曾指出，"我国博物馆教育与学校教育的结合相当紧密"是传统经验中最重要的一条。在那个时候人们把博物馆教育和学校教育进行了密切的联系，通过博物馆教育来帮助学校教育，为国家培育有用的人才，发展科技，从而实现国家的复兴和繁荣。

到了民国时期，博物馆已被公认为一种重要的教育设施，并由政府主办。1912年，国家筹办了国立历史博物馆，其建馆宗旨是"搜集历代文物，增进社会教育"。关于博物馆的宏观管理，教育部于1912年12月颁布了《普遍教育暂行条例》，其中，博物馆与图书馆被列入社会教育司的首个部门，正式将博物馆这一重要的社会教育机构纳入政府的管理范围。1914年，《教育部官制》第6条也有了新的规定，社会教育司执掌"关于博物馆图书馆事项""关于各种通俗博物馆、通俗图书馆事项"。这些规定沿用至今，虽然有过变动，但变化不大。随着一大批有识之士纷纷提出兴办教育馆的要求，保定教育馆、江西教育馆等也相继成立。人们尤其重视博物馆的社会教育功能，认为博物馆是"收集能说明自然现象及人类业绩的物品而保存之，以供学术的钻研，且使民众得用最简单的方法自由体验的教育机关"，博物馆是"社会教育事业中最重要的设施"。费耕雨等曾明确指出，"在各种社会教育的设施中，能如博物馆的易为公众利用而得显著的效果者，诚不可多得"。同时，他们还主张博物馆应当充分发挥自身的优势，主动开展社会教育，"对于陈列物品的选择，陈列的式样，说明的方法，莫不详细斟酌，求合民众的需要；同时附设参考图书阅览室及讲演室，更物色有专门学识而富于教育经验者，担任指导说明，以培养民众的常识"。从总体上看，这一概念的主要特征就是强调了博物馆的社会教育职能，并将推动社会教育作为博物馆的任务。

各种博物馆开始在中国层出不穷。1925年，故宫正式开馆。1933年，南京建立了中央美术馆的筹备处。1935年，《国立中央博物院暂行组织规程》规定，该博物院以"提倡科学研究，传布现代知识，保管国有文物，以适当之陈列展览，辅助公众教育"为任务。1935年4月，中国博物馆学会于北平成立。20世纪30年代中叶，中国博物馆事业开始了初步的发展，在国家的扶持下，博物馆已经初具规模，拥有一批专门的工作人员，并出版了许多有关博物馆学的书籍。博物馆仍是主要的社会教育机构，主要以实物教学为主，但其教学内容也扩大了，不再局限于科技教育，还具有激发人们爱国热情、实现民族认同、塑造国家形象等作用。

1949年，中华人民共和国成立，延续"博物馆要发挥社会教育"的方针。1956年5月，全国博物馆工作会议在北京召开，阐明了"社会主义博物馆"的本质与使命，为中国"社会主义博物馆"确立了发展的模式与路径，并积极探索社会主义新型博物馆的建设道路。1958年9月，毛泽东视察了安徽省博物馆后指出，"一个省的主要城市，都应该有这样的博物馆。人民认识自己的历史和创造的力量是一件很要紧的事"。在这个时期，中国的博物馆工作带有宣传和鼓励的成分，中国革命博物馆、中国历史博物馆、中国人民革命军事博物馆等一批博物馆也建立起来，仍然强调博物馆的社会任务和社会职能。

20世纪70年代后，博物馆教育工作进入新的发展高潮。社会教育中"成人教育""继续教育"观念的提出，促使行业内对博物馆教育工作的重点、内容、方式、人员和设施等在理解上有了明显的改变，并将工作重心转向了社会教育。人们认识到，在环境、对象、内容等方面，博物馆教育与学校教育存在不同之处，因此，博物馆是一种与学校不同的"非正规教育机构"。博物馆教育持续发挥着对学校教育的辅助作用，但独立性逐渐加强。中国博物馆在20世纪80年代开始了迅速发展的进程。博物馆数量迅速增加，在商品潮流与社会责任的双重压力下，中国博物馆业终于走上了以社会效益为第一位的发展之路。自20世纪90年代以来，随着我国社会主义市场经济的建立，中国博物馆事业迎来了一个新的繁荣时期。国家对博物馆的投资明显加大，一批规模较大、造型新颖、功能齐全的博物馆相继落成，比如陕西历史博物馆、上海历史博物馆。社会办博物馆的兴起使博物馆的经营主体、馆藏资源的多元化特征日益凸显。人们意识到了博物馆教育在履行其社会职责中所起的不可替代的作用，因此，博物馆教育在博物馆工作中的重要性得到了极大的提升，博物馆教育的独立性也日益加强。博物馆教育工作者意识到观众在博物馆教育过程中所扮演的角色，他们还开展了大量的观众、公众调查工作，希望能够对观众的需求、期望、行为表现、学习模式和学习效果有一个较为全面的了解。同时，博物馆教育工作者也在研究不同的博物馆教育方式如何影响观众的学习。

进入21世纪以来，中国在全球化、工业自动化和信息化的大背景下，社会和经济得到了快速发展，博物馆也迎来了更大的发展机会。为了建设高质量的博物馆，除了提高博物馆的基础设施外，很多新科技也被应用到博物馆中，让观众可以在视觉、听觉、触觉等多感觉上进行全面欣赏，博物馆逐渐朝着智能化、智慧化方向发展。博物馆工作人员根据公众的教育需求，充分利用博物馆的展览、藏品等资源，以多种形式开展丰富多彩的社会教育，并提高教育活动的参与性、融合性和互动性，使观众积极主动地参与其中，从而有目的、有计划地丰富人们的精神文化生活。

第三章 博物馆的教育对象

教育包括教育者和被教育者（又称为教育对象），两者缺一不可。很明显，博物馆教育中的教育者主要是博物馆工作人员，相比较而言，被教育者则复杂得多。博物馆在确立"以人为本"的理念后，开放程度一步步扩大，教育对象也随之扩大。当博物馆的"公共性"特征形成，博物馆资源为全民所有，与此同时，教育对象也随之扩大到全体公民，包括各个民族、各个年龄阶段的公民，不分职业、文化程度、地域、宗教信仰等，通通都在博物馆的教育范围之内。当然，博物馆每次教育活动的开展都会有相应的目标教育对象，活动也会围绕目标观众进行设计，这并不影响教育对象"全民性"这个特点。而参加博物馆教育活动的观众则成为事实上的博物馆教育对象。

教育对象是所有教育问题的交叉点，博物馆教育者必须了解和研究自己的教育对象，教育活动才能有的放矢和实现目标。博物馆开展教育必须研究教育对象，充分结合博物馆的教育实践，研究教育对象的构成、特点、需求等，是科学地开展教育的前提和基础。

第一节　博物馆教育的全民性

一、博物馆的"公共性"特征决定了教育的"全民性"

前面已经谈到，近代以后，"公共性"成了博物馆的特征。"公共性"属性决定了博物馆是一个公共文化服务的场所，博物馆资源为全民共有，需无差别地服务于全体公众。正如《国际博物馆协会职业道德准则》所规定："管理机构应保证博物馆及其藏品在定期的和合理的时间向所有人开放。"博物馆的教育也要面向所有公众，包括各个年龄段的公民，不论文化背景和社会经验，它是一种"公共教育"。"公共教育即在公共空间里发生的面对所有人的一种教育行为"，任何一个人都有走进博物馆受教育的权利，而博物馆公共教育的职责和目标是让每个人都能走进博物馆并有所收获。

博物馆公共教育承担着重大的社会责任——提高全体公众的文化素质。博物馆是公共文化服务体系的重要组成部分，属于公共空间，是政府教育资源的组成部分。博物馆教育还具有"社会性"特点，它是一个免费的社会教育机构，以全体社会成员为教育对象，被誉为没有围墙的社会学校。总之，博物馆教育通过对公众的培养和提升，提高公民素质，为社会培养人才，为国家的政治、经济、文化发展作出贡献。

我国的博物馆教育真正走向全民化经历了一个过程。2008年，我国通过了博物馆免费开放的政策，消除了走进博物馆的门槛，使更多的人有机会接受博物馆教育，尤其是文化水平不高的普通市民、穷困的民众和进城务工者，这体现了国家对公共文化教育的重视。2015年，国务院颁布了《博物馆条例》，明确"博物馆开展社会服务应当坚持为人民服务、为社会主义服务的方向"，并将博物馆的服务对象延伸至未成年人，强调要"根据不同年龄段的未成年人接受能力进行讲解"，开展未成年人博物馆教育项目。当博物馆的服务对象扩展到未成年人，把未成年教育与成人教育结合起来，我国的博物馆教育则脱离了早期的专业化和精英教育，真正走向了大众教育。全民教育不仅是博物馆教育的内在要求，也是社会发展的必然。我国的博物馆在成人教育方面有明显的优越性，它总结成人教育的优秀经验，并用来研究未成年人受众，利用博物馆资源，更好地为社会不同年龄的受众提供更优质的教育服务，提升全民科学文化知识水平及艺术、思想道德等综合素养。

二、博物馆不同教育对象的不同教育

博物馆的教育对象是全民化的，但它也是由千差万别的人群组成的。他们的民族、信仰、性别、年龄、职业、文化程度、身体状况等不同。具体来说，这些教育对象中，既有青少年学生，又有其他特殊群体，如老年群体、残障人士群体等，还有部分非博物学的专业群体。❶ 教育对象不同，教育活动也呈现出不同的特点。

（一）成人教育

20世纪以后，博物馆逐渐成为成人重要的教育课堂。两次世界大战的爆发使得"宣扬民族主义、爱国主义"成为时代思想教育主题，博物馆的教育职能也随之日益突出。博物馆的教育范围不断扩大，逐渐成为社会又一个教育系统。成人作为社会各个阶层中比重最大的一个阶层，在社会生活中占据重要地位，需要提升知识文化水平。由于博物馆教育具有自发性的特点，受教育者在不知不觉中学到了知识，许多成人愿意到博物馆接受再教育。各国积极制定相关政策，利用现有设施，采用多种渠道和形式支持博物馆发展成为成人教育基地。于是，博物馆成为成人教育的理想课堂，在国家教育体系中成为一支重要力量，并在其中扮演了举足轻重的角色。

博物馆在成人教育中具有以下优势：（1）博物馆拥有多样化的实物教学资料和先进的设施设备，非常适合成人进行学习。（2）博物馆是一个涉及多个领域和专业的学习场所，其涵盖的知识广泛，容易满足成年人综合

---

❶ 马祥贞.新时代博物馆社会教育:挑战、优势与实施路径[J].社会教育,2019,35(2):88.

学习的要求。在博物馆中，成人所接受的教育内容侧重于与其职业无关的知识、文化和技艺等。通过学习博物馆所提供的教育活动，成人能够深刻感受到历史、文化的精深和宏大，同时可以从道德、审美、艺术、文化等方面拓宽视野，丰富生活，满足自身的精神需求，不仅全面提升素养，也对成人的工作和生活有着积极的影响。(3)博物馆担负着社会教育的任务，拥有相关优秀人才。(4)形式多样，如专题讲座、戏剧演出、研学活动、体验工坊等。(5)博物馆的成人教育能够满足不同年龄层次的教育需求，覆盖终身学习的全过程。它在促进成人素质的全面发展方面起着关键作用，并在成人终身学习中扮演着重要角色。

(二) 未成年人教育

相比成人教育，博物馆一开始对未成年人教育的关注程度较低，然而，一旦博物馆的教育目标转向儿童，就受到儿童的广泛欢迎，成为照亮他们学习和生活的一束光。未成年人群体也是最需要博物馆提供教育服务的群体之一。对多个国内代表性博物馆教育活动的调查结果显示，未成年观众数量稳步增长，已经成为博物馆观众的主要群体。但是，博物馆所提供的教育活动还远远满足不了未成年人观众的需求。国家博物馆2017年接待观众总量为806万人次，其中未成年人观众139万人次，占据观众总量的17.2%；全年为未成年人提供博物馆课程6269小时，覆盖了21万人次，然而这个数量仅仅涵盖了未成年人观众总量的15%，远不能满足未成年人的博物馆学习需求。❶

未成年人应成为博物馆充分重视的教育对象，博物馆对未成年人教育的供不应求现状也必须得到改观。博物馆最基本的教育活动就是参观陈列展览，可以多举办一些适合未成年人的展览，或设立儿童体验专区，让孩子们体验手工艺品制作、科技实验等，让他们亲自动手参与，提高他们的动手能力，激发他们的兴趣与参与度，让他们爱上博物馆。博物馆可以在周末或者寒暑假举办讲座、科学小课堂、训练营等，普及科学文化知识。还可以开设博物馆课程，鼓励孩子们对自己感兴趣的知识进行探究性学习，

---

❶ 徐芳,黄深.博物馆在青少年综合素质评价体系建设中的权重关系[J].教育论坛,2016(1):76.

培养他们的科学实践能力，让他们探索世界。

要充分发挥博物馆"第二课堂"的作用。（1）加强博物馆与学校的合作，让老师带孩子们走进博物馆，也可以把流动博物馆带进学校，让孩子们在课堂上就能了解博物馆。（2）加强博物馆与家庭的结合，博物馆可以开展亲子活动，提升家长对博物馆的认知，鼓励家长经常带孩子来博物馆学习和参加活动。

总之，博物馆是校外教育中最能影响未成年人的公开教育，博物馆应该为促进人的全面发展和社会进步，不断举办具有文化内涵的教育活动。博物馆的教育活动要加强目的性和计划性，用精神营养熏陶滋润每一个人的成长，满足未成年人各方面的求知兴趣，成为未成年人首选的寓教于乐的公共场所。

（三）特殊人员的教育

"公共性"应该兼顾多数人和少数人的需求，既要尽量满足多数人，也要保护少数人的权益。博物馆所面对的公众群体包括强势群体和弱势群体、多数人和少数人。弱势群体是指社会中一些生活困难、能力不足，或被边缘化、受到社会排斥的人群，包括因社会地位、生存状况、生理特征和体能状态而处于劣势地位的人群。

卡普兰（Kaplan）提出了"公平四条原则"，指出一个真正公平的教育评估必须考虑以下四个方面。

（1）客观的标准：评估要基于具体的、客观的标准，而不是主观的印象和感觉。评估者必须确保所有被测量的能力和特性都可以被明确地定义和测量。

（2）平等的对待：评估要保证所有接受评估的人都受到平等对待，不受性别、种族、民族、文化、宗教、经济地位、语言或其他因素的影响。

（3）合适的评估方式：评估要使用适当的方法和工具来测量所需的能力和特性，并且这些方法和工具必须充分考虑评估对象的个人特点和文化背景。

（4）有用的结果：评估的结果必须提供有用的信息，以帮助教育者、学生、家长和其他利益相关者作出正确的决策。评估结果需要清晰、准确地反映被评估对象的能力和特性，以便在后续的教育过程中作出改进和调整。

这四条原则强调了客观、平等、合适和有用的评估，是评价教育质量和效果的基本准则。使用这些原则可以确保评估程序合理、准确和有用，并最大限度地促进学生的学习和发展。

"公平四条原则"可以给我们以有益的启示：劣势者利益最大化原则，即应考虑使社会上居于劣势的弱势群体及个人能够得到最大的照顾，享受最大的利益。《国际博物馆协会职业道德规范》指出，管理机构应"特别关注那些有特殊需要的人们"。博物馆教育既要持"众人平等"观念，又要加强对弱势群体的教育，扩大教育机会，改善教育条件。但是，目前的实际情况是，博物馆对特殊人群的教育关注还远远不够，博物馆要有意识地为这些人群量身打造教育服务，尤其是对特殊儿童。

在国际上，博物馆给患有多动症、统合能力失调、孤独症、抑郁症、阅读障碍症等的特殊观众提供的特殊服务已经走在了我国前面。西方所秉持的"艺术是供每个人欣赏的，无论是谁"。这样针对性的教育服务达到的效果更佳，而且人性化的服务本身就是对人文情怀教育的重要说明，观众来博物馆感受到了自己被关爱、被尊重，这不仅是博物馆教育想实现的文化平等，也是社会人文气质的体现。比如，美国和英国都会为身体有障碍的人设置活动，比如听力障碍的人会用视觉传达，而对盲人则会举行朗读会，通过"听"来传播博物馆文化。目前我国博物馆为保证全民共享博物馆的文化资源，会采取"博物馆下乡"的方法，到农村等偏远的贫困地区进行巡展；也会针对老年人，以流动展览的方式走进社区，为其提供适合、及时的信息，并接收老年人成为志愿者，让老龄群体老有所学、老有所教、老有所为。但是，我国在对残障人员、留守儿童、孤独症儿童、孤儿等方面有针对性的专门服务比较缺失。

加强博物馆对特殊人员的教育是目前博物馆需要加强的重要工作，是博物馆贯彻"以人为本"理念的具体表现。博物馆要研究这部分观众，根据他们的需求和特点，创造性地开展有针对性的活动。可以积极发动和联合社会力量，比如，博物馆可以积极整合社会资源，成立专门小组，联合相关组织和人士，根据特殊人员的需求定制特殊教育活动，以满足他们的需求。

三、博物馆全民教育的开展

（一）普及教育

现代博物馆通常提供免费或低收费的服务，这样所有人才可以享受到博物馆教育的益处，不会因为经济原因被排除在外。不仅向学生和专业人士提供展览和活动，也向大众开放，让更多人有机会接触艺术、历史和文化，从而拓宽视野，增长知识。尤其是要强调博物馆教育的公平性，重视特殊人员的教育，找到合适的方式开展特殊人员的教育，为公众提供更大范围、更全面、更高层次和更便利的教育服务。

（二）多样化教育

不同人群来博物馆的目的也是不同的，有学习的、休闲的、集体活动的、社交交流的等多种多样的需求。"在这种背景下，如何满足不同类型对象的教育需求就成为博物馆社会教育的重要目标"，也是对博物馆"以人为本"理念实践的严峻考验。博物馆的展览和活动应该形式多样，博物馆要用系统、整体的思维去举办历史、军事、文化、经济、教育、科技等不同类型、不同主题内容的展览，教育活动要包括体验、讲座、工作坊、戏剧表演等形式，以适应不同年龄段、文化背景和兴趣爱好的观众需求。现代博物馆要致力于推广文化多样性和跨文化理解，为观众提供来自不同国家和地区的艺术、历史和文化展品，促进文化交流和理解。

（三）社区参与

现代博物馆要注重和社区进行互动，鼓励当地居民参与博物馆的活动和项目，让博物馆融入社区生活，为社区发展作出贡献。

（四）分众教育

博物馆要对社会教育对象进行分众化，找到每次教育活动的目标群体，开展分龄、分层、分众教育，有专门针对儿童、青少年、成年人、老年人等各个年龄段需要的教育活动，并保证教育活动的正常有序进行和取得满意的教育效果。

第二节 博物馆教育的终身性

早在1929年,英国的教育家耶克斯利就出版了世界上第一本终身教育专著《终身教育》,提出终身教育概念。而终身教育理论的系统化是在20世纪60年代由法国教育家保罗·朗格朗完成的。保罗·朗格朗是法国著名的教育思想家和成人教育家,1910年12月出生于法国加来的康普兰。他曾就读于巴黎大学,毕业后在中小学从教多年,并长期活跃在法国成人教育战线上,担任过法国职工教育中心主任,倡导成立了法国民众教育运动团体民众与文化会。1965年,时任联合国教科文组织成人教育局局长的保罗·朗格朗提出了"终身教育"的概念,他被公认为现代终身教育理论的创始人,他的代表作《终身教育导论》也成了终身教育理论的经典著作。此后,保罗·朗格朗陆续又撰写了《成人教育与终身教育》(1969年)、《终身教育问题》(1970年)等著作,配合联合国教科文组织大力提倡终身教育,开展系列活动。他的《终身教育导论》已被译成18种文字,其中的有关主张已成为许多国家阐述和实施终身教育的主要依据,影响极为广泛,他也因此被誉为"终身教育之父"。

第二次世界大战后,第三次科技革命大大加快了知识更新的速度。据估计,在现代社会中,一个即使受过高等教育的人,如果不注意继续学习和更新知识,五年后,他在学校期间所学的知识将有一半变得陈旧,十年之后就基本过时。保罗·朗格朗认为,一个人凭借某种固定的知识和技能就能度过一生的观念也将成为过去,传统教育将不能满足人一生发展的需要。他认为:"一个人从出生到死亡都应该接受教育,而政府和社会则应该建立起从学前到中老年一整套完整的继续教育制度和机构。"他强调了教育是一个持续不断的过程,无论年龄、职业阶段、社会地位等都需要不断学习和更新知识。1996年,联合国教科文组织发布了《教育——财富蕴藏其中》报告,指出受教育者应学会认知、学会做事、学会生存、学会共同生活,而终身教育体系则是实现"四个学会"目标的根本保障和工作原则。这个报告的发表使终身教育成为一种世界性教育潮流,成为广受世界各国认可的教育思想。

终身教育理论体系的发展使人们对教育的时间、空间、方式等方面的认识都有了很大突破。教育不再局限于学校，不再局限于学生时代，不再局限于教师的教学，教育可以随时随地并贯穿人的生命全过程。具体而言，终身教育理论包括以下几个方面的内容。

（1）教育应该贯穿一个人一生和人的发展的各个阶段，它是一个持续不断的过程。终身教育的最大特征在于教育活动不止于学校教育和学习结束，而是贯穿一个人一生。终身教育包括家庭教育、学校教育和社会教育等各种教育形式，涵盖一个人从学前期到老年期整个教育历程的统一。因此，终身教育是指一个人从出生到离世整个过程中自主、主动、持续地学习和发展。终身教育强调学习的自主性、灵活性和可持续性，不受时间、地点、场合和方式限制，让每个人都可以在任何时候、任何地方、以任何方式学习，以适应变化多端的社会需求和个人发展的需求。

（2）终身教育的内容和方法不固定。终身教育的任务体现在两方面：一方面，为了适应个体在智力、情感、性别、社会、精神等方面的需要，使人"学会学习"，养成学习的习惯；另一方面，通过适当的教育结构和方法，充分促进人的全面发展，使人获得人生所需要的各种技能，最终目标是能更好地应对未来社会和生活的挑战，过上美好生活。终身教育是人所受的各种类型教育的统一综合，既包括正规教育，又包括非正规教育。在学习内容方面，终身教育是综合全面的，是观念、道德、知识、技能、能力和行为方式的综合培养，是语言、计算、艺术、运动和自省等智能的全面发展。在学习方式方面，终身教育没有固定的、规定的教育内容和教学方法。为了促进个体的全面发展，可以采用多种组织形式、教学内容和教学手段。

（3）随着社会变化加速，知识老化速度也日益加快，任何个人都难以一劳永逸地掌握足够的知识。因此学习已成为人类生存和发展重要的手段，而实现终身学习则是自身发展和顺应社会发展的必由之路。同时，实现教育民主化和现代化需要建立起终身教育模式。终身教育是未来教育的发展战略，需要遵循一个基本原则：使教育成为生活的工具，成为使人成功地履行生活职责的工具。

终身教育在当代教育发展中具有重要意义。它的理论提出和实践为教育注入了新的内涵，使教育贯穿人的一生，不断推动自我发展与完善。"活到老，学到老"这一广为人知的终身学习观在越来越多人士中间得到了认同。终身教育打破了传统学校教育的固定局限，将教育范围扩展至社会生活的方方面面，促进了教育社会化的进程，并推动了学习型社会的形成。终身教育理论还推动国家建立完善的终身教育制度，包括面向不同年龄段和职业阶段的教育课程、教育资源、技能培训等。其中，博物馆教育是国家终身教育体系中的重要一环，博物馆已经成为一个重要的学习场所，吸引了广泛的受众，包括儿童、青少年和成年人。人们可以通过博物馆中的展览、收藏品以及参加相关活动来获得新的知识和技能，博物馆展示的文化遗产和历史信息还可以帮助人们更好地了解自己的文化传统和历史背景，从而增强身份认同感，促进社会和谐与稳定。所以，博物馆的教育可以满足个人不同阶段的学习需求，使得终身学习从理论上变成了现实，博物馆教育既是对终身教育理论的实践，又能促进终身教育体系的发展。

具体来说，博物馆能成为终身教育机构，主要得益于以下几个方面。

（1）空间上影响范围广，时间上影响人的一生：博物馆教育的受众不仅包括学生、教师和家长等人群，也包括社会各个阶层和年龄段的人。无论是儿童、青少年还是成年人、老年人，都可以通过参观博物馆了解历史、文化和自然等方面的知识。博物馆提供的教育能涵盖一个人终身的学习，只要他愿意走进博物馆，博物馆就可以为一个人提供一生的教育。博物馆是终身教育的摇篮，博物馆可以在儿童心中播下终身教育的种子。研究显示，博物馆记忆重要而持久，早期正面或负面的经验会继续在记忆中保存、发酵，影响受众与博物馆的长期关系。很多人小时候参观博物馆后会印象深刻，然后养成一生参观博物馆的习惯，受教终身。

（2）知识更新快：博物馆有着广泛的教育内容、灵活自由的教育形式、持续终身的教育目标。博物馆经常会对展品和展览进行更新和调整，因此参观者可以始终跟上最新的知识和研究成果，保持知识的时效性和前沿性。

（3）学习方式多样：博物馆给观众以自愿选择的教育机会，博物馆中不存在任何形式的强迫学习，而是提供轻松愉快的环境，观众可以根据自己的实际需求和兴趣爱好主动学习。博物馆展品集中了历史、文化、生态、科学等众多领域的知识，可以促进跨学科的学习和思考。它提倡多种学习方式，如线上学习、实践学习、社区学习、独立学习等，除了传统的观看、听讲解之外，还可以通过互动游戏、VR 虚拟体验、多媒体展示等形式进行学习，这些方法能够更好地激发参观者的兴趣和创造力。此外，博物馆教育还有互动、实践和体验，如模拟考古挖掘和制作手工艺品等，可帮助人们培养实践技能和创造能力。

（4）传承性强：博物馆展示的是历史、文化、科技等方面的珍贵文物和资料，这些资源具有非常高的文化价值和历史价值，也是人类文明与价值观的重要组成部分。传承这些文化遗产和知识可以促进社会的文化和科技进步，并向公众传递人类文明和价值观的精神内涵，引导公众形成正确的人生观、价值观，促进社会的可持续发展。

所以，博物馆是终身教育的一个重要场所，可以不断激发人们获取新的经验，体验新的人生意义，开展"终身教育"也成为博物馆教育的一项重要任务。1983年5月，联合国教科文组织强调："无论是在正规教育还是非正规教育系统内，以终身教育为指导思想……使继续教育成为全部教育战略中一个优先考虑的目标。"博物馆教育是非正规教育，博物馆收藏有丰富的资源，向所有公众平等开放，并在人与藏品之间建立起联系。它突破了"学校围墙"的教育，是学校教育的重要补充和延伸。

第三节 儿童与博物馆

博物馆最初的服务对象主要是成人，到19世纪，教育家们逐渐意识到了"童年"对人一生发展的重要性，也看到了博物馆教育是公众实现自我教育的手段之一。19世纪末，美国进步主义教育家约翰·杜威的"儿童中心"思想、蒙台梭利的教师应"追随儿童"的思想传到世界各地，也对博物馆界产生了影响，使大家将目光投向了博物馆的教育对象——儿童。

一、博物馆的儿童教育

"博物馆儿童教育"就是指博物馆中一切有目的地影响儿童观众的活动。随着博物馆教育功能的不断发展，国外博物馆教育不断分化，儿童的教育利益受到博物馆关注，博物馆开始开展专门面向儿童的教育活动。

博物馆向儿童开展教育活动的历史可以追溯到 19 世纪末 20 世纪初。19 世纪末，博物馆开始注意观众，其中儿童的需求也逐渐得到关注。19 世纪后半期，美国及一些国家制定了许多保护儿童的制度和法律，出台了一系列相关措施吸引孩子们走进博物馆。在欧洲和北美洲，一些著名的博物馆开始将教育作为重要任务之一。最早的活动通常是为学校和大学生组织的讲座和导览，其目的是提高学生们对科学、人文和艺术方面知识的兴趣和理解。博物馆儿童教育的实施和博物馆的观众意识提升息息相关。20 世纪 20 年代至 30 年代，在"以观众为中心"理念的指导下，一些博物馆和研究人员进行了广泛的观众参观行为调查和研究，以便理解观众的学习行为。这些调查中涵盖了儿童，也使博物馆教育工作者对儿童的兴趣、需求等有了较全面的了解。各种类型的博物馆逐渐将儿童视为重要的教育对象，根据儿童的兴趣和需求推出各种适合他们的活动，博物馆儿童教育活动开展得越来越多，并得到了广泛的支持和认可。这一发展正式拉开了博物馆儿童教育事业的序幕。

从那时起，博物馆继续保持对儿童的各方面开展研究，让儿童始终知道博物馆为他们而开、随时为他们的兴趣和需求考虑，并持续提供丰富多彩、有益于儿童身心发展的教育活动。博物馆逐渐成为一个重要的教育资源，为儿童和青少年提供了广泛的学习机会和体验。20 世纪中期，专门的博物馆儿童协会成立。1962 年，国际儿童博物馆协会（Association of Children's Museums，ACM）成立，总部位于美国华盛顿。它是一个国际性非营利组织，其使命是支持各地儿童博物馆的发展，促进儿童在全球范围内的文化交流和互动。截至 2021 年，ACM 拥有超过 400 个会员机构，分布在全球 44 个国家和地区。ACM 通过培训、研究、会议等方式为儿童博物馆行业提供专业和有价值的资源。此外，它还促进各个机构之间的合作和交流，共同推进儿童教育事业的发展。国际儿童博物馆协会以联合会员的身份和这一领域的专业知识为促进儿童博物馆事业的未来发展提供了无与伦比的国际视野。[1] 世界各地也陆续成立了一些专门服务于儿童和青少年的非营利组织，如美国 1962 年成立的青少年博物馆协会。这些组织的宗旨是将

---

[1] 雷-安妮·斯特拉德斯基.世界各地儿童博物馆概览[J].博物院，2008(3):9.

各种博物馆的资源转化为教育工具,通过博物馆、科技中心、动物园等场所展览和学习活动来激发孩子们的兴趣,支持他们的学习和成长。这些组织在推动儿童教育、促进合作、推广儿童博物馆等方面发挥了重要作用,为全球儿童教育事业的发展作出了积极贡献。

博物馆儿童教育功能日益受到重视,除了儿童日益受到社会重视外,主要还在于博物馆在儿童教育方面存在独特的优势,具体表现在以下几个方面。

(1)博物馆被认为是儿童教育重要且可靠的教育资源。博物馆收藏着人类历史记忆凭证,凝聚着人类文化遗产精华,展现了人类文明智慧,具有独特的教育资源优势。博物馆藏品丰富,兼备有形、无形资源,能够成为儿童很好的教育资源。博物馆利用这些重要、可靠的资源,挖掘不同的主题,设计不同的展览,可以为儿童打造出充满刺激的环境,不断激发儿童的兴趣和求知欲,促使儿童在博物馆中自我学习或接受教育。

(2)实物性与直观性。博物馆教育的开展以实物为基础,通过实物进行非正式教育是博物馆教育区别于其他一切教育形式的独有特征。由于儿童认知发展的特点,儿童阶段主要是具体形象思维。博物馆形象化的实物和标本与学校的书面化和符号化信息不同,真实、具象的实物使得信息易于被儿童接受和理解,使得博物馆可以很好地弥补学校教育缺少直观信息的缺陷。正如曾昭燏和李济合著的《博物馆》一书中所说:"一机械之构造,或一地方之形势,父母师长,谆谆千言,不能望其必晓。惟率之至博物馆,使其一见实物或模型,则可立时了然。如见一历史陈列室,则可想见当时生活之情形。见一艺术名家作品陈列室,则可明了其作风与其所用技术。"从而博物馆对儿童具有很强的吸引力,能引发儿童学习知识的兴趣与愿望。此外,儿童的注意力很难持久,以无意注意为主,博物馆的实物资源具有很好的视觉冲击,能吸引儿童的注意力。同时,现代博物馆不断创新,利用各种技术在展览中增加一些其他资源,比如音频、视频、可触展品、体验环节等,从听觉、视觉和触觉等方面给儿童更多刺激,能有效调动儿童的多种感官并吸引他们的注意力,帮助儿童更好地理解和学习。"博物馆堪称一部立体的教科书,它通过文物、标本的形象性和直观性作用于学生们的大脑,使之获取知识,接受教育,给人以深刻的印象。既可扩

大知识面，又可巩固和印证课堂所学，事半而功倍。"❶

（3）开放性和自主性。博物馆是开放的公共文化机构，很多教育活动也是采取开放的形式，家长和儿童可以根据自己的活动日程自由地选择博物馆资源与活动，自主加入其中。来到博物馆后，儿童可以按照自己的兴趣爱好安排参观内容及时间，主动寻求自己喜欢的知识，这就突出了儿童的主体性，激发了儿童学习的积极性，能激发他们的创造性和自我探索精神，也能提升他们自我选择、自我引导、自我学习的能力。博物馆创造了一个熏陶、激励、教育儿童的绝佳场所，能让他们自觉认识到人生的价值与意义，在学习中获得民族认同，进而产生关注历史、承继文化、担当社会的使命感。

（4）跨学科学习。博物馆资源包罗万象，陈列展览丰富多样，可以培养儿童的综合素质。学校教育是分科教育，博物馆教育主要以主题进行组织，可以涵盖多门学科，从而对儿童进行"德、智、体、美、劳"全面培养。博物馆的教育方式也多样化，包括讲解、讲座、培训、研学、调查、体验活动等，打破学科壁垒，寓教于乐，综合提升素质。❷

（5）体验式学习。博物馆具备资源、空间与人员，可以开展一些在课堂上难以实现的学习方式——体验式学习，比如在互动体验中学习和应用科学原理，从而促进儿童动手学习，激发孩子们的学习潜能及创造力。儿童在动手体验中不仅是学习，而是会思考，会发现问题，继而解决问题。这个过程其实也算个性化学习，每个儿童的探索、感受与发现都会不一样，这也为引导儿童以生活为本源进行探索打开了一扇窗。

（6）适合终身学习。如果孩子在儿童时期就在心里播下了喜欢在博物馆探索学习的种子，那么这个孩子会一直保持和博物馆的亲近关系。他乐于走进艺术类、历史类、自然类、军事类等各种类型的博物馆，接受熏陶与教育。儿童是未来的希望，从小让他们常常参观博物馆、参加博物馆教育活动，有利于他们养成终身参观博物馆、终身学习、领略人生丰富多彩的意义的习惯。

（7）博物馆教育连接家庭教育与学校教育。博物馆是"第二课堂"，实

---

❶ 冯丽娜.试论博物馆教育职能的发展[J].教育理念,2012(6).
❷ 韩真冲.论博物馆教育的特征和教育途径[J].遗产与保护研究,2021(5):103.

际上，这个课堂也是老师和家长的课堂。学校老师和家长都可以充分利用博物馆资源提升自己，提升学校教育与家庭教育。若家长和教师有意识地关注博物馆中可以整合利用的儿童教育资源，能更方便、快捷、有效地促进孩子健康发展。有的博物馆会和学校开展合作，对教师进行培训，提升教师利用博物馆资源的能力，或者将博物馆资源融入课堂教学。博物馆作为非正式教育机构，正在与学校教育和家庭教育发生越来越多的关系，发挥越来越大的作用。

博物馆通过展览、教育活动和文化传承等方式为儿童提供了一个多元化、互动性强的学习环境，开展儿童教育的重要意义有如下几个方面。

（1）培养兴趣：博物馆可以将课本知识转化为真实的实际体验，吸引儿童对知识产生浓厚的兴趣。博物馆中的文物、实物、图像和声音都可以激发儿童的好奇心和求知欲。

（2）提高认知：博物馆的展示内容往往涉及历史、艺术、自然科学、社会科学等多个领域，能够帮助儿童拓宽视野，丰富知识储备。在博物馆中，儿童可以借助各种模型、图片、视频等多种形式进行学习，更加直观地理解知识点。

（3）培养素质：博物馆开展的儿童教育不仅是知识的传递，更是一种整合、创新以及情感智慧的体现，具有培养儿童的综合素质的重要作用。例如，在博物馆中，儿童可以学习社交技能、团队合作、创新思维等。

（4）促进亲子关系：博物馆用户分布着各个年龄层的人群，特别是对于家庭来说，家长和孩子一起参观博物馆，不仅可以深度了解彼此的兴趣爱好，而且可以推动亲子关系的发展。父母可以借助博物馆的展品与孩子进行开放性的讨论，让孩子在和家人的互动中得到更全面的成长。

博物馆作为一种社会教育基地，具有优质的儿童教育资源，且能起到沟通学校教育、家庭教育的作用，有着自身优势成为儿童的精神乐园和庇护所，应该在儿童教育方面发挥更大的作用。博物馆需充分关注儿童这个教育对象群体，认识到在儿童教育方面所承担的使命、作用及意义，具备面向儿童的服务意识，全面利用其资源优势，通过多角度、多层次的教育模式提高教育感染力，拓展教育渠道，努力创造一个真正能够滋养、引导青少年心灵的精神家园。

二、儿童博物馆

儿童博物馆是专门为儿童提供文化、科学、艺术等方面的教育、娱乐以及互动体验的博物馆。随着社会的发展和教育理念的改变，儿童博物馆的作用越来越受到人们的重视，它们不仅成为孩子们学习和娱乐的场所，也成为家庭、学校和社会教育的一个重要资源。

（一）第一个儿童博物馆——布鲁克林儿童博物馆

1899年，布鲁克林儿童博物馆是世界上第一个以儿童为名，专为儿童设立的博物馆。该博物馆坐落于环境优美的公园中，是一个相对独立的建筑，内部宽敞明亮，分区明确。这表明儿童展厅正在逐渐从大型博物馆中分隔出来成为相对独立的教育建筑，且空间设计"以儿童为中心"的原则为指导。创建者希望通过该博物馆激发孩子们的好奇心和知识兴趣。它在儿童教育方面具有以下特点。

（1）开放性的环境：布鲁克林儿童博物馆提供开放的环境，展品采用直观的陈列方式，能让儿童清楚地观摩展品，甚至有时还会打开展柜让儿童触摸展品、抚摸活体动物等，直观性是布鲁克林儿童博物馆遵循的首要教育原则。孩子们可以在自由、安全的空间内尽情地探索和学习，这种环境能够激发他们的好奇心和创造力。

（2）提供互动式展览：布鲁克林儿童博物馆采用互动式的展览和教育方式，让孩子们通过实践和体验来学习知识，这种方式非常适合孩子们的学习方式，可以增强他们的学习动力，提高他们的创造力和创新能力。

（3）关注儿童的发展：布鲁克林儿童博物馆的建立是对儿童享有教育利益的有效承认和保证。"必须让儿童感觉到，儿童博物馆为他们创建且因他们而存在；儿童博物馆的所有计划都应该优先考虑儿童，把儿童放在第一位。儿童必须感觉到整个布置都为他们而设计，并且提供给他们的都是最好的东西，因为儿童博物馆深信儿童们有能力来使用这一切；儿童能够参观所有的展厅，并且永远是受欢迎的参观者，而不是闯入者。"[1] 布鲁克

---

[1] 曹雅洁.保障儿童的教育利益：布鲁克林儿童博物馆的空间建构[J].教育导刊，2022(4)：65.

林儿童博物馆不仅关注孩子们的学习,还注重他们的身心发展。博物馆提供的展品和活动都是根据儿童的认知特点和发展阶段设计的,能够全面培养孩子们各个方面的能力。

(4)多元化的教育内容:布鲁克林儿童博物馆提供多样化的教育内容,包括自然科学、社会科学、文化艺术等多个领域,能够满足不同孩子的兴趣和需求。

数据显示,1906年全年共有来自125所学校共计561个班级的儿童访问了布鲁克林儿童博物馆;1910年的访问量达到了187 162人次。[1] 在布鲁克林儿童博物馆,孩子们可以通过参加各种各样有趣、富有挑战和教育性的课程、活动和项目,获得知识和技能,增强自信心和创造力。

以下是布鲁克林儿童博物馆几个著名教育项目、活动或者课程。

(1)深海航行(Voyage to the Deep):这是一个关于海洋生物和环境保护的科普展览,孩子们可以通过互动式的展品了解海洋生态系统的组成、生物多样性和环保知识。

(2)布鲁克林世界(World Brooklyn):这是一个模拟城市的展示区,孩子们可以在这里体验不同文化背景下的生活方式和社交习惯,并通过游戏和角色扮演来学习语言、数学、科学和艺术等方面的知识。

(3)感应室(Sensory Room):这是一个专门为孤独症和其他感觉障碍儿童设计的感官体验区,提供视觉、听觉、触觉、味觉和嗅觉方面的刺激,帮助儿童在一个安全、温馨和有趣的环境中探索和学习世界。

(4)温室(Greenhouse):这是一个室内花园,孩子们可以在这里观察和研究不同种类的植物,了解它们的生长周期、光合作用和生态功能,同时还能学习有关食物链和人类与自然的互动关系等知识。

(5)艺术工作室(Art Studio):这是一个提供绘画、雕塑、陶艺和纺织等多种艺术制作技巧和材料的工作室,孩子们可以在这里发挥自己的想象力和创造力,制作自己的艺术品,并展示给家长和其他参观者。

(6)科学研究与游戏实验室(Science Inquiry and Play Lab):这是一个专门为小学生设计的实验室,孩子们可以在这里进行科学实验和探究,了

---

[1] 汤成霖,霍力岩.跨越百年的美丽:世界儿童博物馆发展史略[J].中国博物馆,2011(7):20.

解自然科学的基本原理和方法，培养观察能力和科学思维。

（7）音乐与律动（Music and Movement）：这是一个音乐和舞蹈教室，孩子们可以在这里学习唱歌、跳舞和演奏乐器等技能，同时可以通过音乐来表达自己的情感和创意。

这些教育项目、活动或课程都具有不同的特点和目标，但它们的共同点在于注重孩子们的互动体验和自主学习，鼓励他们通过实践探索知识和技能，并激发他们的好奇心和创造力。这些项目和活动也是布鲁克林儿童博物馆成为世界上著名的儿童博物馆的原因之一，让孩子们在玩乐中学习，在学习中玩乐。

（二）美国儿童博物馆运动

布鲁克林儿童博物馆之后，越来越多的城市和地区建立了儿童博物馆，并形成了一股热潮，也就是美国儿童博物馆运动。美国儿童博物馆运动是20世纪早期在美国兴起的一场以儿童为中心的文化运动，旨在通过博物馆展览、活动和教育项目来促进儿童的发展和学习。

儿童博物馆起源于美国，和美国最先关注到儿童的利益是密切相关的。工业革命后，机械化生产使人们拥有更多的闲暇时间，也能更多地关注儿童。夏皮罗（Sha-piro）将利益的类型概括为基本利益和最大利益。基本利益包括安全、营养、健康、教育等，是儿童成长过程中所必需的；最佳或最大利益关涉儿童潜能的充分发展。布里格·豪斯（Harry Brighouse）、麦卡沃伊（McAvoy）将儿童的利益与成人的利益进行对照并指出：首先，儿童具有与成人相同的基本利益，即"在食物、住所、关爱和关注、友谊和其他有意义的交往、社区融合等方面具有利益"。其次，儿童具备与成人不同的主体利益。由于身心发展的不完善，儿童在很大程度上依赖自己的父母、教师，依赖的、未成熟的状态证明儿童具有建构和生长的能力。最后，儿童具有成人不具备的独特利益。儿童不只是为成年做准备，"儿童具有一种独特的发自内心喜悦的能力；童年是人生的一个阶段，可以享受无忧无虑和无拘无束的快乐，而不必顾及或担心后果"[1]。总之，教育利益是儿童

---

[1] 曹雅洁.保障儿童的教育利益：布鲁克林儿童博物馆的空间建构[J].教育导刊，2022(4):65.

的基本利益。这个时期博物馆的教育价值受到广泛肯定，儿童博物馆先驱安娜·盖洛普认为："博物馆以真实的、美的事物刺激儿童的思维，激发儿童的兴趣……它能挖掘出孩子们的潜能，向他们提供经验、展示价值标准。"所以，博物馆可以把发挥教育职能与实现儿童的教育利益结合起来。

美国儿童博物馆运动的产生和发展历程可以分为以下几个阶段。

（1）初期：在20世纪初期，布鲁克林儿童博物馆的创办者热衷于孩子们的教育，并认为博物馆可以作为一个重要的教育资源。他们开设了各种各样的展览、活动和教育项目，吸引了大量的儿童和家庭来参观和学习。这个时期的目标在于调动儿童的兴趣与需求。盖勒普提出"儿童需要始终知道儿童博物馆是为他们而开的、并随时为他们的兴趣和需求考虑""纯粹的娱乐是儿童博物馆的学习方式"。这样的理念在之后五十年里被世界各地儿童博物馆视为蓝本，此后，许多城市和地区也陆续建成了一批儿童博物馆，包括波士顿、印第安纳和明尼苏达州等。

（2）发展期：在20世纪30年代和40年代，美国经历了一次经济大萧条和第二次世界大战，这时期儿童博物馆的发展受到了很大的影响，然而，在战后的50年代，随着经济的恢复和文化的繁荣，儿童博物馆得到了重新关注和重视。此时期儿童博物馆开始采用互动式的教育方式，提供更多的科学、技术和艺术内容，并成为公共教育资源的一部分。人们认识到实际生活中的实物探索学习对儿童具有的价值，并强调在这一时期儿童休闲活动、满足学校教育需求和拓展儿童体验的重要性。在博物馆的展览策划和教育活动中也体现出丰富的教育理念和学习形式。

（3）成熟期：从20世纪70年代开始，美国儿童博物馆运动进入了一个新的阶段，它不仅涉及博物馆展览和教育项目，还包括相关的社会政策和研究。此时期儿童博物馆开始引入更多的跨学科内容和教育技术，如计算机、虚拟现实、数字展览等。同时，儿童博物馆也开始重视文化多样性和社会公平性，致力于提供适合不同阶层、文化背景和能力水平的儿童教育资源。这个时期儿童博物馆在全美国各城市以惊人的速度发展着，它的展品既在社区使用，又像一系列催化剂，不仅在博物馆界也在今天教育改革运动中发挥作用。据不完全统计，世界上70%以上的儿童博物馆均在美国。到目前为止，美国儿童博物馆的数量为300~350所，布鲁克林儿童博物馆、印第安纳波利斯儿童博物馆、拉哈巴儿童博物馆、林肯儿童博物馆、芝加哥儿童馆、波士顿儿童馆等都是美国国内很有影响的儿童博物馆。这些杰出的儿童博物馆让儿童、家长、教育者和社区领导人都共同分享着这一非凡成果。

美国儿童博物馆运动对美国及世界的儿童博物馆产生了什么影响？

（1）促进了儿童教育和发展：美国儿童博物馆运动为儿童教育和发展提供了一种新的方式和场所，鼓励儿童通过实践和体验来学习知识。它推崇以儿童为中心的教育理念，注重培养孩子们的探究精神、创造能力和社会责任感。

（2）丰富了博物馆的功能和内容：美国儿童博物馆运动让博物馆从传统的文物展览转向了面向儿童的科学、艺术和社会展览。博物馆开始采用互动式的展品和教育项目，提供更多的实践体验和趣味性，吸引了更多的年轻观众。

（3）推动了教育改革和社会进步：美国儿童博物馆运动不仅是一场文化运动，也是一项教育改革和社会进步的探索。它关注儿童的全面发展，强调学习与游戏的融合，鼓励孩子们自主学习和创造，促进了教育模式、评价制度和政策机制的创新。

（4）影响了全球的儿童博物馆领域：美国儿童博物馆运动的思想和实践经验已经深入到全球的儿童博物馆领域。在世界范围内，越来越多的国家和地区建立了儿童博物馆，并遵循美国儿童博物馆运动的理念和经验，为孩子们提供更加优质、丰富和有意义的教育服务。

总之，美国儿童博物馆运动是一场具有历史意义的文化运动，在促进儿童教育和发展、推动教育改革和社会进步、丰富博物馆功能和内容以及影响全球儿童博物馆领域等方面都产生了重要的影响。它让人们认识到了儿童在社会发展中的独特地位和作用，并为儿童教育和发展提供了新的思路和方法。

拓展：波士顿儿童博物馆

1913年，美国波士顿儿童博物馆诞生。波士顿儿童博物馆主要采用一种主题的方式组织资料和陈列展览，每天都会为不同年龄的儿童设置不同的活动，主要有0~3岁、4~5岁、6~7岁、6岁以上以及不限年龄这几个年龄段。

该儿童博物馆还与当地高等教育机构合作，利用最新研究成果为幼儿园和小学教师提供职业发展培训，让他们掌握最新行业发展和教育方法的创新模式。美国波士顿儿童博物馆坚信"我听到的容易忘记，我看到的容易记得，我亲手做的才真正了解"。波士顿儿童博物馆以"做中学"的教育理念为基础，用"参与式"和"互动式"来进行"动手操作"，让儿童按自己的理解能力、学习速度，在一种没有强迫的氛围中进行学习，促进儿童主动学习和发展创造力。

三、世界儿童博物馆的发展

在美国，儿童博物馆在儿童的教育和生活中占有重要的地位。这些博物馆的成功从实践上说明了博物馆进行儿童教育的现实意义。美国儿童博物馆运动很快传到了全世界，也使"博物馆服务儿童"这一理念迅速影响了博物馆界。

在世界范围内，儿童博物馆成为一种备受关注的博物馆类型。很多国家在借鉴美国儿童博物馆的经验的基础上，结合本地的文化、特色和环境，建立起一批富有个性的儿童博物馆，如德卢斯儿童博物馆（1930年）、帕洛阿尔托小型博物馆和动物园（1934年）、约瑟芬·D. 兰德尔小型博物馆（1937年）等。成立于1925年的印第安纳波利斯儿童博物馆针对低收入群体集中的社区学校，每周设有"博物馆走进学校日"，博物馆工作人员会带上便于携带的展品和一些手工制作的工具及材料，在儿童放学后到学校为学生讲解展品，带去生动有趣的学习体验，并开展丰富多彩的、互动性强的手工活动。印第安纳波利斯儿童博物馆还开设了一个"家庭教育指南"的项目，博物馆的教育工作者和从事教育工作的志愿者走进低收入群体和有特殊需求的儿童家中，聆听家长在育儿方面的困惑，实现为期几个月到一年的"一对一"帮扶和有针对性的辅导。

从20世纪40年代开始，个人基金和社区赞助机构的出现，以及父母、教育者和社区驱动，促使建立了许多儿童博物馆。这一时期，杰克逊维尔儿童博物馆（1945年）、伦斯勒城市青少年博物馆（1954年）、新英格兰博物馆（1956年）等纷纷成立。美国儿童博物馆的"再定义"及1975年"先去看看美国"（See America First）项目，客观上促进了儿童博物馆在全世界的传播。加拿大的伦敦儿童博物馆（1975年）、日本广岛儿童博物馆

（1980年）、台南市儿童科学教育中心（1978年）、上海儿童博物馆（1996年）等成为后起之秀。

儿童博物馆在世界上以不可抵挡的势头迅速发展。一项非正式调查表明，截至20世纪90年代初，向公众开放的儿童博物馆数量比1978年的数量翻了一番多，而同一时期内，儿童博物馆中新建的"发现室"（Discovery Room）数量也达到了两百多间。[1]

中国的儿童博物馆起步较晚，很多留学回国的学者感受到了儿童博物馆的巨大教育价值而深感创建儿童博物馆的重要性，并且为此不断奋斗着，推动儿童博物馆的发展，其发展历程可以大致分为以下几个阶段。

第一阶段：20世纪60年代至80年代，这一时期也被称作"无博物馆时代"，国内没有专门面向儿童的博物馆。但是，在少年宫、图书馆等场所，一些城市和地区开始开设儿童科普活动室，让儿童通过亲身参与感受科技进步带来的变化。

第二阶段：20世纪80年代末至90年代中期，随着人们对儿童教育观念的不断提高，各地相继建立了一些以儿童为主要服务对象的机构，如儿童图书馆、少年宫、儿童艺术剧院等。在这个过程中，一些城市也开始筹建儿童博物馆，如北京儿童博物馆（1987年）、上海儿童博物馆（1992年）等。

第三阶段：20世纪90年代中后期至今，这一时期也是中国儿童博物馆发展最迅速的阶段。随着国内经济的快速发展和城市化进程的加速，越来越多的城市开始建立儿童博物馆，并不断拓展和完善展览内容、教育活动等方面的内容。例如，广州儿童博物馆（1998年）、成都儿童博物馆（2002年）、深圳儿童科学馆（2008年）等。

目前，中国儿童博物馆已经成为一个专门为儿童服务的重要机构，通过各种创新方式为儿童提供科技文化体验和教育服务，促进儿童的全面健康发展。

世界范围内儿童博物馆的发展也促进了儿童博物馆理论和实践的发展。儿童博物馆被认为是"一个致力于通过提供可以激发好奇心和学习动机的展览、项目来服务儿童的需求和兴趣的机构。儿童博物馆是一个永久性的、定

---

[1] 汤成霖,霍力岩.跨越百年的美丽:世界儿童博物馆发展史略[J].中国博物馆,2011(7):23.

期开放的非营利组织，以各种实物及专业团队为基础来推动教育活动"。儿童博物馆的价值定位："儿童博物馆是具有先锋精神和动态性的机构，它们挑战并且再定义传统博物馆的界限，它们自身也处于不断定义的过程之中。"❶

儿童博物馆的特点包括以下四个方面。

第一，空间设计的"适儿化"。

儿童博物馆是专为儿童设计的独立空间，"以儿童为中心"进行打造，在空间设计上需要考虑到儿童的感性需求，创造宜人、安全、互动的环境，让孩子们在欢乐中学习和成长。

（1）根据儿童的情况进行功能分区。盖洛普曾在1907年的美国博物馆协会会议上枚举了儿童博物馆特殊的需求，分别是一间演讲室、一间实验室、一间临时展室、一间衣帽室，以及数量充足的盥洗室。"在演讲室里，我们可以把孩子聚集起来举办讲座，向他们解释模型、标本和仪器……演讲室应该足够大，可以容纳来自学校的学生，让他们舒适地坐着听讲座，同时还可以容纳其他对博物馆及工作感兴趣的团体。"❷

（2）为儿童量身定制展台。以往的博物馆桌台、展柜和展品的高度往往是面向成人设计的，对儿童来说过高。儿童博物馆则将其降低到适合儿童参观的高度。同时，展柜材质也有所改变，采用了更厚的复合板，方便展品展示。

（3）陈列方式上注重直观性，能让儿童清楚地看到展品，有的展品还可以触摸。要通过图文展示、声音效果、多媒体技术等方式将展品信息呈现出来，让儿童在游玩过程中获得知识和启迪。

（4）开辟儿童活动区域。儿童博物馆开设专门的儿童教育活动区域，开展适合儿童的教育活动，促进博物馆对儿童的教育。设置丰富多样的互动装置和游戏设施，鼓励儿童参与其中，增强他们的交流能力和社交技能。

第二，展品阐释很重要。

标签是帮助博物馆工作人员向观众解释展品的重要工具，对儿童来说尤

---

❶ 汤成霖,霍力岩.跨越百年的美丽:世界儿童博物馆发展史略[J].中国博物馆,2011(7):23-24.

❷ 曹雅洁.保障儿童的教育利益:布鲁克林儿童博物馆的空间建构[J].教育导刊,2022(4):66.

其如此。为了让儿童看懂展品，标签要用简单易懂的语言进行阐述，直白、重点突出，防止文字过多。展签文字的字号要大，字体容易识别，清晰易读。

第三，积极开展儿童教育活动。

儿童博物馆教育工作者会定期或者不定期举办内容丰富、形式多样的教育活动，丰富儿童的视野，提高儿童的综合素质。在儿童教育活动中，引导儿童不断尝试与探索，激发儿童发现学习的乐趣，在活动中获得满足感、自信心。近十年来，儿童博物馆在社区中的定位越发凸显出来。举办者越发意识到，儿童博物馆既要服务于社区中的儿童、家庭，也应充分利用社区中的优势资源，为更好地办展创设有利条件。[1]孩子们参观博物馆，教育者鼓励他们去尝试、思考和模仿，从而激发他们解决问题的能力，让青少年在游戏中受到传统文化的熏陶，并主动地学习知识。

第四，建立数字博物馆，为儿童提供数字网络教育服务。

随着社会不断进步发展，互联网等新媒体的兴起也给儿童的学习和娱乐开辟了多种通道，因此，数字博物馆的建设也是时代的要求。世界上多数博物馆均运用数字化技术，将儿童教育融入网络体系，给儿童提供全面和系统化的学习指导，改变以往传统的说教观念，逐步形成博物馆系统的儿童教育网络。[2]儿童博物馆能与家庭、学校联手发挥重要作用。有的博物馆会每周或者每月开展一些家庭教育项目，既为家庭教育提供有利场所，也对家长进行一些指导，比如让家长了解儿童的各阶段发展特点、学习模式、心理变化与需求等，指导家长如何与儿童交流沟通、管教儿童、发展亲子关系、建立好的家庭教育模式和理念等，促进家庭教育健康发展。博物馆还会走进学校、社区和家庭，充分利用博物馆的资源，发动广泛的社会力量参与进来，与学校、家庭联手开展儿童教育。

---

[1] 汤成霖,霍力岩.跨越百年的美丽:世界儿童博物馆发展史略[J].中国博物馆,2011(7):24.

[2] 黄雪丹.博物馆儿童教育工作的现状与展望[J].儿童教育工作,2022(8):224.

第四章　博物馆教育活动

罗瑟·威特伯格曾说过："博物馆及其陈列品的基本目的和职能就是以此进行教育活动。""如果说藏品是博物馆的肉身的话，那么教育工作——用一种信息化和刺激的方式展示实物和想法，可称为博物馆的灵魂。"博物馆教育是社会教育系统中的重要组成部分，随着与社会、公众的关系越来越密切，博物馆教育将在服务社会、服务公众的方面起到"更关键"的作用。

博物馆教育活动是指在博物馆内为观众提供的一系列有关文化、艺术、历史等方面的学习和体验活动，包括但不限于讲解解说、主题展览、互动展品、工作坊、讲座、研讨会、教育培训等多种形式。一般来说，博物馆的教育活动主要分为六种类型，包括讲解导览、讲座培训、手工操作、主题活动、知识科普竞赛和戏剧表演。博物馆教育活动旨在通过参与互动、观察感受、问题探究等方式，帮助观众加深对文化、艺术、历史等方面的理解和认识，提高文化素养和审美水平。同时，博物馆教育活动也具有教育培养青少年的心智、提高他们的社交能力、激发他们的创造力和想象力的功能。这些都将为他们未来的发展打下坚实基础。

随着博物馆社会属性的日益突出，博物馆在履行社会教育职能方面，不再局限于历史的回顾和知识的灌输，而是积极地通过博物馆的研究、展示和教育课程，跻身于社会文化重构的行列。博物馆教育与学校、家庭、社区日益融合，"文化多元化""教育个性化""知识民主化"等观念已经成为现代博物馆教育的重要趋势。在教育理论的指导下,博物馆教育活动的不断实践、反思与总结,呈现出综合性、体验性、主题性等特点。

第一节 博物馆教育活动的特点

一、综合性

博物馆具有"博物、广博"的特征,杨宽曾指出,博物馆应尽可能做到四"博":藏物之"博"、搜集方法之"博"、业务之"博"、教育对象之"博",如此才能成为现代的、活的博物馆。[1]

(一)博物馆的广博的具体体现

1. 收藏范围广

博物馆的收藏功能不断加强,从对于具有特殊价值和意义的物件的珍藏,到系统、全面地收录和保护人类历史上所有具有艺术、科学和历史价值的文化和自然遗产。收藏范围也不断扩大,从有形的物件到无形的文化遗产都囊括其中。藏品信息是多样化的,上至天文,下至地理,从古至今,综合性强。

2. 藏品来源和博物馆类型丰富

除了博物馆采集、购买、征集的藏品外,社会公众的捐赠越来越多。随着博物馆事业的发展,生态博物馆、社区博物馆、儿童博物馆等各种类型博物馆接连涌现,可谓百花齐放。

3. 展示内容全面

博物馆通过各种展览形式,展示了自然、历史、人文、科技等各个领域的知识和成就,不断拓展着人类的认知边界。

---

[1] 杨宽.博物馆该怎样"博"[N].中央日报,1946-10-27.

4. 学科交叉性强

博物馆在收藏和展示的过程中，经常涉及多个学科的知识，如自然科学、社会科学、文学艺术、哲学等，这些学科相互渗透，形成了丰富而多样化的展示内容。

(二) 博物馆教育活动的综合性特点的具体体现

博物馆的广博性特点也在一定程度上决定了博物馆教育活动具有综合性的特点。

1. 博物馆教育活动以跨学科教学为主

学科在不同的语境下有不同的蕴含，在哲学的语境中，学科是关于知识的分类；在教育学的语境中，学科是知识体系，是学校开设的课程、学生学习的课目。

学校为青少年提供的主要是以学科为组织形式的基础正规教育。学科包括语文、数学、外语、历史、美术、自然、科学、艺体、政治等，学生年级不同，学科的内容和数量也有所区别。学校教育以课本为载体，以单元为教学单位，有计划、有目的地开展教学活动，向学生传授知识。但是，自18世纪启蒙教育以来的分科主义课程体系所隐含的"工具理性"，将人和生活世界割裂，这其实不利于人格的整体发展。博物馆资源可以分为本体资源和主体性资源两类，因其资源具有跨界的特征，内容涵盖多个学科领域，而博物馆教育活动的开展依托的是博物馆的本体资源，博物馆教育也具有跨学科的特性，能够较好地弥补单学科教学的弊端。

博物馆教育活动的内容与社会历史、自然环境、政治、经济、科学、文化以及人们的生产、生活等有着千丝万缕的联系，综合了不同专业学科的成果，活动中老师不会分学科逐个讲授，而是融合多学科的信息系统地阐述主题，以使受教育者全面地获得该主题的信息。另外，跨学科的知识整合与开发的综合能力也是博物馆教育者必须具备的专业知识与技能。

2. 博物馆教育活动密切联系社会和生活

博物馆的教育资源可谓从文物到日常用品，从物质文化到非物质文化，从标本到活物，源自带着历史气息的社会与生活，与历史及当下的生活世界也存在各种联系。博物馆还与社区、学校、企业等建立了多元化的合作机制，共同开展社会教育活动，为观众提供更加全面、深入的教育服务。

比如，有的博物馆会和当地福利机构创建关怀特殊人群的服务项目，印第安纳波利斯儿童博物馆中就有这类项目，让儿童参与活动的策划、衣物的打包、食物的准备、书籍的分类、物资的发放。这样的活动看似只是服务活动，实际上是整体性的教育，培养了参与者的同情心、服务意识、公民意识和社会责任感，锻炼了参与者的沟通能力、动手能力、组织能力、团队合作精神等综合能力。

3. 博物馆教育方式的多样性

博物馆教育活动既有大众化的教育，也有面向目标观众的小众教育活动。

展览是博物馆教育的基本形式，它面向所有观众，依托丰富多样的实物藏品，用通俗易懂、简练的语言和直观的表现形式，同时结合声、光、电等高科技视听手段，打造了一个静态与动态相结合的陈列环境，以讲述历史，展示文化遗产，反映社会，阐释世界，对观众进行直观的社会教育。

讲解是博物馆在展厅内开展的最基础的教育形式。讲解是适合大多数观众群体的最广泛的教育形式。根据受众的不同，讲解的内容略有差别，但主要还是围绕主题来诠释展览的思路和介绍重要的展品信息。

讲座是博物馆教育的重要教学形式，一般是邀请专家来授课，讲座内容和馆藏资源、展览、展品密切相关，主要是科普、传播研究成果等。博物馆的讲座有单次的，也有体系化的；有面向儿童的，也有面向成人的。

我国的博物馆不断开拓创新，推出展览、教育研学、免费讲解、文化讲座、手工制作、文物鉴定、修复展示、戏剧表演等多种形式的教育，吸引更多人走进博物馆，从知识、技能、情感、态度、价值观等多层次影响观众，让不同视角和观念的人在同一学习中都有所收获。博物馆会针对不同的教育对象设计不同的社会教育活动。比如根据儿童、教师、老年人群体的差异性，设计适合他们年龄和心理特征的教育活动。对于儿童，可以开展扮演相关角色的活动；对于教师，可以为其准备和教材相关性强的博物馆资料；对于老人，可以为其开设非物质文化遗产方面的课程等。

4. 运用新技术手段

博物馆应运用新一代数字化和互联网技术，将展品信息、知识点等内容通过多种渠道传递给观众，使人们能够更便捷地获取知识，增强教育的参与感和体验感。

二、主题性

(一) 什么是主题？

"主题"是一个起源于德国的外来词汇，一开始是指代乐曲之中最具有特征性并且处于优势地位的一段旋律，也就是我们所讲的主题旋律。它表现一个完整的音乐思想，是乐曲的核心。后来这个术语才被广泛用于文章写作及文艺创作中，是指文章与文艺作品的中心思想。我国使用的"主题"这个词，是日本将这个术语译为"主题"后借用过来的，对应中文中的"意、义、理、旨、主意、主旨、主脑"之词，释义为中心思想和题材。

"主题"是一个抽象的概念，是对材料、信息的处理、提炼而得出的思想结晶，具有概括性。比如在文学作品中，主题是作者基于自己对现实生活的观察、感受、体验、分析，再加之对作品题材的艺术加工和提炼的产物。这个主题会贯穿于作品中。作品围绕着这个主题，字里行间体现着作者对这个主题的基本认识、理解、评价等，表达着作者的写作意图。

展览主题可以是一个词、短语、句子或者问题。展览主题所统摄的内容超越了学科界限，融合了大量纷繁复杂的知识与信息。一件展品所蕴含的信息其实是很丰富的，是全方位开放的，而在主题的统摄下，展品的选择及其所传达的信息是以是否有助于表现主题为标准的，是以是否有助于观众准确理解主题为目标的。主题选择恰当且在展览中被充分阐释，则能让观众印象深刻，收获颇丰。

展览有时候不止是一个主题，也可能是几个主题或者一个大主题和多个子主题。一座博物馆的藏品可以用很多不同的主题组织和表达出来，同一主题的展览在不同时代、不同文化区域、不同的展品等情况下的阐述方式和表达内容也不同。

(二) "主题"的重要性

博物馆与主题有着密切的联系，它作为研究或教育机构，基本上是主题学科的天下，如考古学、动物学、植物学、地质学、艺术史等。主题是展览所要表现的最基本的概念，是展览的核心和灵魂。只有在展览主题确定后，展览的陈列设计和内容等后续工作才能开始，展览中所用到的实物、信息、技术手段、表现形式等都充分整合在一起展示主题概念。主题就好像展览的上层建筑和最高"长官"，是统率众多展品和信息、将其联系串联起来的"纲"，其他所有起说明、验证、支持、论述、联系等作用的展品和信息则是"目"，主题确定，则纲举目张。主题反映了展品和信息之间最普遍的联系，每一件展品中都蕴藏着多方位、多层次的信息，而主题的作用则是引导观众在观看展品时从展览选择的角度来进行认识、理解和记忆。展品和展品中蕴含的信息则是观众和主题之间认识的工具和桥梁，它引导观众通过全面的认识和理解来形成对于主题的认知，并整合到自身知识结构中去。

从展览整个过程来说，开始于主题立意，中间为阐释环节，最后主要以可视化的方式呈现在公众面前。展览主题的确定是由博物馆的立馆宗旨、展览风格、教育策略、观众需求、社会关注焦点热点等综合决定的，表现了一个博物馆的定位和社会追求。观众看完展览，理解了展览中陈列的物品和信息，并对主题有了全面、整体、确定的认识，则达到了展览目的。

（三）"主题导向"原则

博物馆的展览奉行"主题导向"原则，尤其是教育性展览。"主题导向"是指任何展品的选择、陈设、装饰和组合都服务于展览主题的体现和发展；展览的内容设计和形式设计都要为凸显展览主题，帮助观众把握、理解、记忆展览主题而服务。[1] 主题是抽象、概念性的信息，"主题导向"有助于观众理解展览信息，并将零散信息整合为概念，形成结构化的认识。

策展人以主题为中心策划展览，博物馆教育工作者则以主题为中心策划教育活动。策展时对主题的诠释是从一个个"问题"开始的。这些问题和博物馆的立馆宗旨、博物馆展览和教育策略、前沿学术和知识的探索、社会关注的焦点和热点相关。当这些问题落实到具体的博物馆展览项目上时，就直接关系到博物馆的自我定位，以及观众对于这个博物馆的期待和看法。博物馆大多数的教育活动依托于展览，所以，博物馆的教育活动往往也具有"主题导向"这个特点。策划建设教育活动项目或课程时，在对

---

[1] 宋向光.博物馆教育性展览的特点及相关问题[J].哲学与人文科学,1999(1):45.

主题的整体性设计下，从一个个"问题"开始，将受教育者置于真实的情境中，通过问题导向，促使受教育者形成对主题的意义建构。博物馆的教育活动通过结合、评估、分析展览信息来实现对主题的全局性理解和知识的结构化。

认识到人体内部、人与自然、人与社会的有机联系性和整体性，认识到教育活动通过有意义的主题统筹教育目标、教学内容、教学设计、教学资源与教学评价各个环节，博物馆可以实现提升综合素养、促进人的全面发展的目标。

2017年9月，教育部印发《中小学综合实践活动课程指导纲要》，该纲要附件分类型、分学段推荐了152个活动主题。主题设计偏重对中华优秀传统文化的继承发展，"家乡的传统文化研究""我是'非遗'小传人""走进博物馆、纪念馆、名人故居、农业基地""参与公共文化服务"等都是被推荐的主题。

拓展：主题博物馆

主题博物馆是一种专门以某一主题为中心展示相关文化、历史和艺术品的博物馆。与传统博物馆不同，主题博物馆通常会有更加明确的定位和侧重点，其展示内容也更加具体和专业化，例如，河南省的驻马店市防洪博物馆（图4-1）。

目前我国第一个以防洪为主题的水情教育基地是位于河南省驻马店市驿城区板桥镇的驻马店市防洪博物馆。该博物馆集合了展览陈列、科普宣传、教育和交流等多种功能。该馆始建于2009年，建筑面积达1030平方米，分为上下两层，上层为多功能厅，下层为展览区域和公共区域。展览区域有两个展厅，内容大致可分为五部分。

第一部分是对于河南省整体防洪形势的介绍，包括河南省整体水利的概况、河南省自然地理的主要情况、四大流域的防洪形势等；第二部分主要就河南省历史上较大的洪水灾害，从洪水成因和经济损失等方面进行分析；第三部分是对"75·8"特大洪水的专题介绍，包括这次洪水的成因，板桥水库、石漫滩水库溃坝的过程，洪水演进的过程，造成的巨大损失，国家救灾情况以及对目前的警示意义等内容；第四部分是水库复建，介绍板桥、石漫滩等水库的复建情况；第五部分是目前河南省防洪体系的现状，介绍现阶段防洪工程、水文、信息化、防洪队伍建设等情况。

主题博物馆通过深入挖掘某一个主题，向观众提供更加全面和深入的介绍，可以让人们更好地领略相关领域的全貌和价值。

图 4-1　河南省驻马店市防洪博物馆

（图片来源：https://baike.baidu.com/item/%E9%A9%BB%E9%A9%AC%E5%BA%97%E5%B8%82%E9%98%B2%E6%B4%AA%E5%8D%9A%E7%89%A9%E9%A6%86/13345808?fr=aladdin）

三、体验性

体验是一种实践。从马克思主义哲学角度，实践是人能动地改造世界的对象化活动。从这个定义可以看出：实践也是人的存在方式，是人类特有的一种活动，人类每天都生活在各项实践活动中。直接现实性、能动创造性、社会历史性是实践所具备的三个基本特征。直接现实性说明了实践是客观的物质性活动；能动创造性说明了实践是有意识、有目的性的能动性的活动；社会历史性说明了实践是社会性、历史性的活动。从总体来看，体验（实践）虽然是一种物质活动，但其中包含了人们能动地改造和探索的活动。

"纸上得来终觉浅，绝知此事要躬行。"博物馆已成为学校教育之外的一个新的实践领域，在人的综合能力、创新能力培养中具有无法替代的优势。博物馆是展示人类历史文化、生产生活状态的重要场所，它贴近生活、贴近社会，具有开展实践性教育的环境优势。同时，除了依靠视觉和听觉通道，触觉和运动通道也是人类理解和保存信息的重要渠道，即通过触目和实际操作来摄取信息。身体-动觉智能就是要把身体和心智联合起来实现完美的身体活动的能力。身体和心智的统一和谐是古人一直以来的追求目标，只是由于近代化机械大生产异化了人，身体和心智的分离才在近代化过程中得以体现。目前，越来越多的博物馆开始意识到利用观众身体-动觉智能的重要性，会在展览过程中添加参与互动的展示单元和相关游戏，在教育活动中加强体验和实践的比重。

学校教育强于知识的获取，但知识不能仅停留在认知范畴，还应包括操作的知识，在实践中获得经验的检验、认知的深化与拓展。如果人们仅仅对于知识与经验的获得感到满足，忽视其检验、反思和应用的程序，这些经验或知识对个人的影响是有限的。博物馆教育的开展则可以结合博物馆的实物资源、研究成果等，采用多种方式，比如通过触摸、操作、实验等亲身体验的学习方式，促使受教育者去体验和实践。博物馆中的互动性、体验性项目采用实践性的教育方式启发公众的思考，吸引观众主动开展探索，人们参与博物馆教育活动，思考人与自然、人与社会的关系，在实践活动中切身体验、践行各种生产生活技能，能够发现问题、分析问题和解决问题，不断对自我精神进行改造甚至重塑，从而促进人类的可持续性发展。

博物馆教育活动需要让大家参与、互动和实践起来，"寓教于乐"，充分发挥参与者的主体作用，有利于提升参与者的自我效能感。自我效能感是指个体对于自我在一定的情境和任务之中的行为以及对于行为能力的主观推测。学习自我效能感则是认知效能感的延伸和发展，是学习者在一种学习情境和任务中的自我觉知和自我信念。博物馆教育活动让参与者在实践中学习，在做中学，激发他们"自主发现，自主探索"的精神或"以问题为中心"的实践路径，为学习效能的提升创设了非常好的内外部环境条件。

第二节　博物馆教育活动的理论指导

一、多元智力理论

美国哈佛大学教育研究生院教授及心理发展学家霍华德·加德纳曾在

世界多国的 31 所大学和学院获得心理学、教育学、音乐学、法学、文学等学科荣誉博士学位。1983 年，霍华德·加德纳在对心理学、生理学、教育学等的多年研究基础上，在《智能的结构》中提出多元智能理论。霍华德·加德纳长期从事智能理论、创造能力等领域的研究工作，不断发展和完善多元智能理论。霍华德·加德纳因此被称为"多元智能理论之父"，被誉为"教育领域的哥白尼"和"推动美国教育改革的首席科学家"，在世界各地影响广泛并备受推崇。

霍华德·加德纳在《智能的结构》一书中指出：智能是在某种社会或文化环境的价值标准下，个体用以解决自己遇到的真正难题或生产及创造出有效产品所需要的能力。人类的发展实际上就是智能的发展。想要找寻可以促进和激发人的潜能发展的方法，就一定要对智能的概念、构成和评估方法形成一种区别于过去的看法。就其基本结构而言，智能是多元化的，每一个人的身上至少存在七项智能，包括身体-动觉智能、人际交往智能、音乐智能、视觉空间智能、逻辑-数理智能、语言智能、自我认识智能。从相当程度上来说，这些智能彼此独立存在，每种都是生命的心理智能，都有着同等重要的地位，并且都在人类认识世界和改造世界的过程中发挥着重大且积极的作用。如果对这些潜能给予适当的教育和训练，它们都可能发展到一个很高的水平。1996 年，霍华德·加德纳又出版了《多元智能》，提出了第八种智能——认识自然的智能。作者认为，每个人与生俱来的智能种类不尽相同，不同的人群表现的认知能力也会出现参差，这样的能力是难以用一元化的智能观点来阐释的。我们应清晰地意识到每一个学生都存在个体的优势和劣势，因此我们的教育工作者应对"开发儿童的多元智能"高度重视，使得具有差异化特点的孩子尽早摆脱传统教育的束缚。教育工作者还要帮助学生发现适合其智能特点的职业和业余爱好。[1]

霍华德·加德纳的多元智能理论，为综合培养人才提供了理论指导，受到了世界各地的教育家和教育工作者，包括开展社会教育的博物馆工作人员的热烈欢迎。多元智能理论认同了图书馆、博物馆等社会文化机构学校在培养观众多元智能方面的作用，认为博物馆等社会文化机构可以比学校提供更丰富的情境、更多元的信息和更好的实践机会。多元智能理论支

---

[1] 霍华德·加德纳.多元智能[M].北京:新华出版社,1999.

持非正式的校外博物馆教育采用多元化的组织方式，促使儿童的全面自由发展。很多博物馆举办了介绍多元智能的展览，或者围绕不同的智能开展多个主题的展览。比如，广东省博物馆基本陈列中应用多元智能中的"视觉-空间"智能，通过在自然展厅中大量运用模型标本来激发青少年的视觉感受，并且在博物馆教育工作者的引导下，用观察的方式来培养青少年感知各式各样的物体、风景、形状、颜色、细节等。

多元智能理论为博物馆策划组织展览、确定信息传播手段、举办教育活动等提供了理论支持和衡量准则。博物馆作为一个社会教育机构，应该从多元智能的视角来考虑观众的需要，应该考虑到不同观众在智能结构和认知方式上的差别，采用多元的信息传播模式来引起观众的兴趣，创造一个多元智能的学习环境，促进观众利用视觉空间智能、语言智能和逻辑-数理智能、身体-动觉智能、人际交往智能、自我认识智能等进行自由探索与学习。在教育活动策划中，应追求多种智能目标，确保多种智能综合运用产生"叠加效应"，使观众能够实现多种智能的调动和提升，从而达到培养参与者的综合思维与综合素养的教育目标。具体来说，博物馆教育可以基于多元智能理论，策划多元的活动形式，通过讲故事、辩论、讨论、创制标语来激活语言智能；通过参与策略游戏、数学运算来激活逻辑-数理智能；通过乐器使用、倾听音乐、唱歌等审美活动来激活音乐智能；通过涂鸦、手工制作活动、积木类游戏激活视觉空间智能；通过角色扮演等运动活动来激活身体-动觉智能；通过小组集体活动、合作学习来激活人际交往智能。

二、建构主义学习理论

建构主义学习理论是认知心理学派的一个分支，它让学习理论由行为主义到认知主义后进一步发展，是当代教育心理学的一场革命，它由著名的瑞士心理学家让·皮亚杰提出，后来又经过科尔伯格、斯滕伯格、卡茨、维果斯基等专家从不同方面进行了丰富和完善，较好地说明了人类学习过程的认知规律。

让·皮亚杰（1896—1980），是近代认知发展领域最有名和最有影响的一位儿童心理学家。他创立了日内瓦学派，提出了发生认识论。他坚持从内因和外因两个方面来展开有关儿童的发展的研究，他认为儿童构建关于外部世界的知识、发展自身认知结构是通过与周围的环境的相互作用。儿童与环境的相互作用涉及两个基本过程："同化"与"顺应"。

同化，代表个体把外部环境中的相关信息整合收纳到自身原有的认知结构（也称"图式"）中的过程；顺应，代表外部环境的变化导致个体原来的认知结构没有办法同化新的信息所导致的儿童在认知结构方面发生的重组和改造的过程。儿童就是在同化和顺应的过程中，经历"平衡—不平衡—新的平衡"的循环，以此建立起自己的认知结构。因此，学习的实质就是主客体双向建构的过程。

在让·皮亚杰的基础上，科尔伯格在认知结构的性质与认知结构的发展条件等方面作了进一步的研究；斯滕伯格和卡茨等则强调了个体的主动性在建构认知结构过程中的关键作用，并对认知过程中如何发挥个体的主动性作了认真探索；维果斯基创立了"文化历史发展理论"，强调认知过程中学习者所处社会文化历史背景的作用。在此基础上，以维果斯基为首的维列鲁学派深入研究了"活动"和"社会交往"在人的高级心理机能发展中的重要作用。这些研究都让建构主义的理论得到更充分的丰富和完善，为建构主义在实际教学的应用创造了条件。

总而言之，"情境""协商""对话"和"意义建构"是建构主义的四大要素。其中"意义建构"是学习的最终目标。

建构主义学习理论的特点包括以下几方面。

（1）学习的建构过程是积极主动的。学习者应该跟着先前的认知结构，有选择和主动地对外在信息进行觉知，以此建构当前事物的意义，而非被动接受外在信息。

（2）知识是合理化的个人经验，而非说明世界的真理。由于个体对先前的经验具有一定的有限性，若在此基础之上构建知识的意义，则无法肯定所构建的知识是世界的最终真实写照；教学的过程是激发学生构建知识。

（3）知识的构建并非随心所欲任意为之。与他人磋商并达成一致认知，以及不断调整修正是构建知识过程中的必然要求，在此过程中，当时社会文化因素会不可避免地对构建知识产生影响。

（4）学习者对于知识的建构是多元的。因为事物存在复杂多样的特征，学习情感存在一定程度上的特殊性，以及个人对于先前经验的积累存在独特性,注定每一个学习者在对于事物意义的建构上将存在差异。

(5)教学活动的展开是一个过程。教学应当注重教育过程而非教育结果。学生由于困惑、疑问引起的主动对于学习的探究,学生产生的惊奇、混乱、冲突实际上是学生在学习活动上的代表,因此教师的职责应该是在观察、忍耐的过程中引导学生成长,而非提供现成的答案给学生。

(6)教学评价要趋于多元化。既然知识是学习者自我建构的结果,博物馆在开展教育活动时就不能单向传授、灌输知识,而要非常重视和激发学习主体对知识的主动建构,利用或设计各种情境帮助学生根据先前积累的知识和经验,在博物馆当前的情境中进行学习和认知。这个过程也是一个合作、探究的过程,最终实现意义建构目标。

国内博物馆界翻译的第一本建构主义著作是1997年林彩岫译的乔治·E.海因的《建构主义者的博物馆学习理论》。2010年,国内正式翻译出版了乔治·E.海因的另一本著作《学在博物馆》,对国内的博物馆教育产生了非常大的影响。基于建构主义的博物馆学习理论所强调的学习情境性,南通博物苑设计制作的《苑藏自然标本陈列》,就是将灯光、色彩、音响作为配合的手段来营造一种"鱼翔水底、鸟栖林木、兽走山地"的仿真情境,为观众提供直观、生动、具象的认知情境。根据建构主义中的个人意义构建,美国历史博物馆在"进退两难——美国血汗工厂的历史"展览中,让观众首先参观主题为美国血汗工厂的历史展览,接着进入一个展示六种有关该项展览的观点的"对话室",六种观点给观众作为参考,并鼓励观众发表自己的见解记录在评论集内,通过这样的方式来达成个人的意义建构。[1]

三、"从做中学"理论

"从做中学"理论是由美国著名教育家约翰·杜威提出的,对世界现代教育影响很大。约翰·杜威1859年在柏灵顿出生,于1887年出版了第一本著作《心理学》,1894年成为芝加哥大学哲学、心理和教育系的系主任,并

---

[1] 陈卫平,张美英.建构主义在自然类博物馆的陈列设计中的应用[J].中国博物馆,2004(1):53-55.

建立了闻名中外的实验学校。后来，他又写出了著作《我的教育信条》（1897年）、《学校与社会》（1900年）、《儿童与课程》（1902年）、《经验与自然》（1925年）、《人的问题》（1927年）、《我们怎样思维》（1933年）、《经验与教育》（1938年）、《逻辑：理论研究》（1938年）等。约翰·杜威一直从事哲学、教育学和心理学研究，1952年在纽约逝世，享年92岁。

"从做中学"理论是约翰·杜威的全部教学思想理论的基本原则，主要观点如下。

（1）"从做中学"中的"做"是指"参加社会实践活动"。一切学习都是行动的副产品，因此教师要通过"做"来促使学生思考并学得知识。"做"是人的本能活动，本能是与生俱来的，无须经过学习就能知晓的。人有四种基本本能：交际、表现、制造和探索。这四种基本本能使人产生四种兴趣：语言和社交兴趣、艺术表现兴趣、制作兴趣以及探索发现兴趣，其中，制作的本能和兴趣表现最突出。这些本能与兴趣提供学习活动的心理基础的动力，所以，"从做中学"也就是"从活动中学"，人通过做各种活动来学习知识和技能及成长。

（2）"从做中学"也就是"从经验中学"。约翰·杜威指出，书本的知识只是他人的思想，并非个体自我的经验与知识。个体只有通过自我经验，即在社会生活中的感受、体验与参与，才可以使他人思想内化为自己的知识，获得经验的生产与发展。约翰·杜威注重以学生、经验和活动为中心，用儿童在活动过程中获得的直接经验取代课本中的知识，反对以教材、教师和课堂为中心的传统教育方式。他认为这样更利于儿童的发展。人类文化就是经验的发展、调整和改变。"做"使得知识的获得与生活过程中的经验联系了起来，"做"变成了一种尝试，在尝试的过程中促进了经验的产生、发展、调整和改变。

（3）"从做中学"，儿童参与其中的活动，是老师的一种教学方法。约翰·杜威认为，"从做中学"作为教学方法，应当贯穿整个课程、教学方法、教学组织形式和教育过程等教学领域的各个主要方面，它不在于教师怎样教，而在于学生怎样学。在活动中，学生的知识和思维能力通过直接经验而获得。在教学的过程中，要促使学生积极思考和主动活动，并且激发他们的兴趣和需求。

约翰·杜威的"从做中学"理论符合博物馆的特色教育，为博物馆教育活动提供了有益启示。国内外有许多实践性和体验性强的博物馆，比如法国巴黎发现宫、伦敦科学博物馆、新加坡科技馆、北京自然博物馆等。在中国科技馆新馆中，中国古代技术创新展区还原了北宋时期"深井开采井盐"小口径钻井技术，让孩子们自己转动轱辘，完成竹筒从入水、提升到拉水等动作，体验古代采集盐卤的工艺。体验时还配合3D眼镜，将"楼车"扶手前后左右轻轻摇动进行模拟耕作，观看其工作状态；孩子们坐稳，手扶栏杆，脚踩踏板，转动石磨，体验提水过程。在思考和探索新事物、新知识的过程中，孩子们真正体验到了科学的思维方式，在亲身经历的探究和发现过程中，领悟能力也得到了增强。中国科技馆新馆"科学乐园"展厅开设欢乐农庄、山林探秘、戏水湾、安全岛、科学城堡、认识自己、创意工作室等区域都考虑到儿童的特点，孩子们像科学家探索和挖掘岩层中的化石一样，在铺有"岩石"的土地上，用小铲、刷子细心地剔剥浮岩，把岩石中的古生物化石慢慢剥离出来。在欢乐农庄，孩子和家长一同奋力拔萝卜，观看农庄中的"雏鸡孵化"的原型展示，观察每扇橱窗里不同孵化阶段的鸡蛋。国家典籍博物馆的"甲骨文记忆展"展出甲骨拓片。[1] 2008年，故宫博物院宣教部特别开发了"霓裳彩绘"公众动手教育活动，它结合了"天朝衣冠——清代宫廷服饰精品展"，活动中以清代宫廷服饰元素彩绘帆布包的环节，选用中国红配以中国传统吉祥纹饰的题材进行创作，颇有创意并获得好评。

这些理论和实践为博物馆教育活动提供了指导、借鉴作用，促使博物馆将这些理论应用于社会教育活动的研究与实践，从而摸索出一套最适合博物馆教育的方式方法。

第三节 博物馆教育活动案例

国家典籍博物馆位于国家图书馆南区，它是国内首家典籍博物馆，也

---

[1] 杨秋.杜威"从做中学"的理论内涵对我国博物馆教育的启示[J].科技传播,2011(5):64-65,58.

是世界同类博物馆中面积较大、藏品较丰富、代表性展品较多的博物馆。国家典籍博物馆和国家图书馆是两块牌子、一个单位，国家图书馆有多个身份，它是国家总书库、国家书目中心、国家古籍保护中心，也是国家典籍博物馆。

国家典籍博物馆依托的是国家图书馆的宏富馆藏。国家图书馆继承了南宋以来历代皇家藏书以及明清以来众多名家私藏，最早的馆藏可远溯到3000多年前的殷墟甲骨。馆藏文献超过3700万册（件），总量居世界国家图书馆第七位，其中中文文献收藏世界第一，外文文献收藏国内首位，并以每年百万册（件）的速度在增长。国家图书馆馆藏品类齐全，古今中外，集精撷萃，珍品特藏包含敦煌遗书、西域文献、善本古籍、金石拓片、古代舆图、少数民族文字古籍、名家手稿等290余万册（件）。国家图书馆收藏了大量丰富的缩微制品、音像制品，还建成了中国最大的数字文献资源库和服务基地。这些都为国家典籍博物馆举办展览奠定了优越的条件。

国家典籍博物馆共设10个展厅，于2014年9月9日正式面向观众免费开放。开馆以来举办"国家图书馆馆藏精品大展"等诸多文献展览，展品时间跨度从3000多年前的甲骨到现当代名家手稿，藏品类型从甲骨、敦煌遗书、善本古籍、金石拓片、舆图、样式雷图档到民族文字古籍、名家手稿、西文善本。国家典籍博物馆2016年被评选为"青少年中华传统文化教育基地"，2018年入选教育部"全国中小学生研学实践教育基地"，并承办首届北京市海淀区研学旅游季系列活动。国家典籍博物馆自开放以来，举办了一系列丰富多彩的互动体验活动、研学旅行、传统文化活动等，致力于"让书写在古籍里的文字活起来"，让更多读者有机会接受优秀传统文化熏陶。

【案例一】手工活动——活字雕版印刷

国家典籍博物馆的活动有体验式活动、探究式活动、主题式活动、其他活动，活动的一个终极追求是：以"道"统领学、术、技，关注心性、人格的培养，将价值观培养融入活动中。也就是从整体上综合培养人，实现"立德树人"的目标。

本次活动的教学对象是初中生，活动内容包括以下部分：

（1）讲述雕版印刷的发展历史；

（2）介绍活字雕版印刷的工具、步骤、要点、注意事项、要求等；

第四章　博物馆教育活动

(3) 自己动手进行活字雕版印刷（图4-2）；
(4) 成果展示及分享。

图4-2　雕版印刷活动

（图片来源：国家典籍博物馆）

国家典籍博物馆的这个活动的与众不同之处在于有三个要求：首先是这个环节需要两个人一组合作完成；其次要求第一次就成功；最后是保持安静、平和、不急不躁、不偏不倚。两个人一组互帮互助，轮流练习，能增强他们的合作精神、团结互助精神。要求第一次就成功，一方面，要体现中国的工匠精神，追求"磨刀在前""一鸣惊人"；另一方面，活动使用的是宣纸，宣纸和墨制作工艺复杂，是中国的传统技艺，我们要尊重工匠的劳动成果。同时，古人有"敬字惜纸"的传统，我们一定要传承下来，节约和爱惜笔墨纸砚。强调要"沉心静气做事，中正平和做人"，这是国家典籍博物馆活动的精神主旨，也是中国的传统文化精华。静下来才能用心体验，才能在印刷时不急不躁，把纸放平放正，一气呵成。"不偏不倚"在本次活动中既指印刷时印在纸的正中间，又指要继承和发扬儒家的"中庸"思想。

这样一项体验性活动融入了历史知识、中国古代哲学、传统文化知识等，注入了"精神"，能给予参与者更深层次的教育效果。

【案例二】不一样的看"典"——《永乐大典》专题活动

"不一样的看'典'——《永乐大典》专题活动"依托国家典籍博物馆的"珠还合浦 历劫重光——《永乐大典》的回归和再造"展览进行策划。该展览分为"大典犹看永乐传""合古今而集大成""久阅沧桑惜弗全""遂使已湮得再显""珠还影归惠学林"五个单元，展示《永乐大典》的编修历程、装帧版式、流散过程、辑佚研究、收藏保护、修复利用等。《永乐大典》这样一部鸿编巨制，达 11 095 册，22 877 卷，共计 3 亿 7 千万字，合古今而集大成，却命运多舛，所剩无几，让人唏嘘感慨，更觉传承保护责任之重。于是，国家典籍博物馆根据《永乐大典》的沧桑历史，结合"珠还合浦 历劫重光——《永乐大典》的回归和再造"展览，特别打造了史上第一部《永乐大典》情景剧。让活动参加者化身历史人物，以展厅为舞台，演绎和诠释《永乐大典》的前世今生。

《永乐大典》专题活动共分为五幕：提议编修、大典编成、嘉靖重录、海外寻访、乡间得宝，剧本基于展览，全面诠释了展览内容，而且高于展览，除了故事线，情感的流动和变化明显。

（1）提议编修。才子解缙始提议，愿编类书以检阅。历经三皇十五年，编书之事才启动。

（2）大典编成。编修完成又重修，解缙广孝轮登台。百余扩至三千人，《大典》六年终耀世！

（3）嘉靖重录。《典》在深宫无人识，嘉靖帝却情独钟。文楼起火恐殃《典》，特令重录不二书。

（4）海外寻访。惜正本下落不明，叹副本百存一二。星散飘零到各国，海外寻访觅踪迹。

（5）乡间得宝。昔日皇家"第一书"，落入寻常百姓家。天头地脚成鞋样，修复展出惊四方。

该活动分为成人版和青少年版，国家典籍博物馆需对参与者进行展览讲解、剧本阐释、戏剧表演等方面的培训，同时做好造型、道具、灯光等方面的准备。活动当天，活动参加者引人入胜的表演，轻松活泼的台词，以及恰到好处地与观众互动，让观众身临其境，沉浸于情景剧中，在愉悦中吸收了展览内容（图4-3、图4-4）。

图4-3　不一样的看"典"活动（一）
（图片来源：国家典籍博物馆）

图4-4　不一样的看"典"活动（二）
（图片来源：国家典籍博物馆）

这个活动采用情景剧表演的方式,形象生动地诠释了典籍展览的内涵,达到了立体化的效果;以讲故事的方式,让观众从看展览、听展览到体验展览,印象深刻,能让书写在古籍里的文字真的"活"起来;改变了传统的灌输模式,形式创新,还通过提问题、真情实感流露让观众沉浸其中,起到了态度、情感、价值观的教育效果,受到了观众的广泛好评,也确实带给观众不一样的体验。同时,也带给活动参加者极大的触动,他们在角色扮演和揣摩中达到了对展览及事件的深入理解,并在表演中完成了情感的升华,对中华优秀传统文化及其传承保护有了更加强烈的责任感和使命感。

第五章　博物馆教育课程

博物馆的资源优势需要多层次、多角度地被开发挖掘并服务于社会大众。2013 年，国务院颁布了《博物馆条例》，其中强调博物馆应充分利用馆内资源，开展教育教学和社会实践活动。同时，各级教育部门也应着力鼓励学校融合博物馆资源，让博物馆参与教学计划，并帮助学生在博物馆开展实践学习。同时，博物馆也应对学校教育活动给予支持和帮助。2015 年，"博物馆教育北京论坛"的主题确定为"博物馆资源课程化"，就是为了深度挖掘博物馆的教育功能，促使博物馆教育向广、精、深发展。2020 年，教育部、国家文物局联合发布了《关于利用博物馆资源开展中小学教育教学的意见》，要求各地文物部门、博物馆应当与教育部门以及学校合作，根据中小学生的认知规律和教育教学需要，开发与博物馆相关的系列活动课程。博物馆教育人员需要促成博物馆教育活动向教育课程转变，找到博物馆教育资源与学校课程的契合点，进行跨学科的知识整合，深入挖掘课程内涵，结合教育教学理论与方法，促使博物馆资源课程化。

博物馆教育课程要充分利用博物馆的藏品资源，将蕴含大量知识和信息的藏品转化为课程资源。课程设计时需挖掘与学校课程相衔接的内容和素材，整合资源并进行跨学科的设计，促进学生在知识、技能、情感、态度、价值观等方面的有效学习，实现课程目标。跨学科整合以及素材的优选和编排是博物馆开发课程时需要重视的环节。

第一节　博物馆教育资源课程化

一、博物馆教育资源课程化的原因

上一章已经介绍了博物馆教育活动。这些活动以其丰富多彩、寓教于乐的特点吸引了众多参与者，有效地激发了他们的学习动力和兴趣，同时取得了良好的学习效果。然而，博物馆作为一个文化机构，其本身与学校教育存在不同，为什么还要提倡博物馆教育课程化呢？

博物馆教育课程化的推行不仅是为了便利和提高学习效率，更是因为当下社会对知识获取的迫切需求和新时代博物馆教育使命的变化。通过博物馆教育资源的课程化，可以更好地整合丰富的教育资源，使之与学校课程相融合，以博物馆展品为载体探索知识、体验文化，同时提高学习的实效性，更好地满足观众的学习需求，进而使得博物馆教育在新的时代背景下发挥更加重要的作用。

一方面，博物馆教育活动存在几个问题。一是很多活动都只是单次的，没有拓展和深化，更不用谈体系化了，知识点存在碎片化的现象；二是活动这种方式在内容上相对松散浅显，形式上更追求气氛和参与度，有些嘈杂开放，对信息的吸收消化率不高；三是活动的教育目标主要是达到"了解、学习"，要求并不高，属于教育资源开发的较低层次，如果一直停留在只开发活动，会使资源利用达不到整体性、深入性、创造性要求，自然在教育性上也捉襟见肘，无形中会造成资源的浪费。详情见表5-1[1]。

---

[1] 王婷.博物馆教育活动的课程化[J].教育与博物馆,2020(3):158-193.

表 5-1　博物馆教育活动与教育课程的区别

区别	教育活动	教育课程
教育理念	"乐"	"育"
组织形式	分散、独立	系列化、逻辑性强
教学地点	展厅参观+课堂手工	学校、博物馆、家庭、社区及其他机构的融合教育
教育对象	大众化	分众、分龄化
教学内容	大而泛	对接课标，强调多种学科知识的综合运用
教学方法	授受型教学	探究式学习
教育目标	仅停留在知识、技能层面	知识、技能、情感、价值观的培养

另一方面，博物馆拥有的实物、非物质文化遗产、文献等以及相关的配套服务，在丰富和多元化方面具有独特的优势。这些资源对吸引观众，尤其是青少年进行学习、提升综合素养等方面有积极作用。博物馆丰富的资源、社会教育职责、育人目标等，必然要求博物馆开发设计一些主题特色突出、教育意义深远的教育课程。

因此，要想博物馆教育成体系、影响更深远，单一、具体的教育活动往往是满足不了的，博物馆教育中要有更科学、更完整、更高水平和更持久的教育课程，而且要在博物馆教育体系中扮演核心角色。博物馆应该形成一个具有多元形式、广度、深度的多层次教育系统，其中，博物馆教育课程是该系统中最重要的组成部分，我们要推动博物馆教育资源向课程化发展。

二、博物馆教育资源课程化探索

目前，关于"博物馆教育课程"还没有一个规范成熟的定义，这也说明博物馆教育资源课程化处于初期、发展的状态，值得大家去探索、创新。

（一）本质

博物馆教育课程主要是面向儿童和青少年开发，需要与学校开展合作，所以阮敏燕提出"博物馆教育资源课程化的本质是实现博物馆资源与学校资源的有效整合，是对双方资源的优化配置，最终实现双赢，达到1+1>2

的效果"。也就是说,博物馆教育资源转化的执行主体是博物馆和学校。"博物馆社会教育与学校教育是互补共进的平等关系。"❶

阮敏燕从教育对象出发界定的博物馆教育资源课程化的本质,受到大家的认可。博物馆课程化的目的是充分利用自己有而学校没有的资源,与学校各学科的课程标准和教材内容有机结合,打造适合学生学习的情境,并紧密围绕课程主题,以问题为导向,打破学科边界来策划开发质量保证、效果突出的教育课程,以培养学生对知识的综合运用能力。同时,学校也要为博物馆教育课程提供各种支持,建立课程资源的协调与共享机制,提供博物馆教育课程场地,让学生广泛参与到博物馆课程中。博物馆教育资源课程化涉及学校老师、博物馆专业教育人员及社会人士等的合作。他们可以联合组成开发团队,共同推进博物馆教育资源的课程化。

(二) 特点

博物馆教育课程基于博物馆的资源,同样也具有综合性、实践性和主题性等特点。这样的资源及其特点决定了博物馆最适合的教育课程方向——综合实践活动课程。综合实践活动与博物馆资源存在很大的适切性,综合实践活动是一门基于学生的直接经验,紧密贴近学生自身生活与社会生活,由学生自主实践和探索,体现对知识综合运用的全新课程。❷ 它与博物馆资源贴近社会、贴近生活、综合性、开放性、实践性等特点不谋而合。教育部2017年颁布的《中小学综合实践活动课程指导纲要》指出:"综合实践活动课程是从学生的真实生活和发展需要出发,从生活情境中发现问题,转化为活动主题,通过探究、服务、制作、体验等方式,培养学生综合素质的跨学科实践性课程。"综合实践课程的目标是"以培养学生综合素质为导向""课程开发面向学生的个体生活和社会生活""课程实施注重学生主动实践和开放生成""课程评价主张多元评价和综合考察"。综合实践活动课程已经成为国家义务教育和普通高中的必修课程,这也说明了博物馆教育资源课程化转变要成为工作重点,并加快速度发展。

---

❶ 阮敏燕."双减"背景下博物馆教育资源课程化路径探究[J].文物鉴定与鉴赏,2022(8):82-83.

❷ 陈时见,文可义.综合实践活动(教师用书)[M].南宁:广西科技出版社,2001.

(三) 指导原则

博物馆教育资源课程化是一项系统化的工作，涉及方方面面，包含了课程目标、课程资源、课程内容、课程结构、课程实施等多个要素，因此，博物馆教育资源课程化需要以系统思维作为指导原则。系统思维是一种从整体、全局和动态上把握问题的思维方式。系统思维要从整体上全面考虑系统的构成部分（要素、连接、功能或目标），看透事物相关结构之间的关系，以系统目标为行动准则。博物馆教育资源课程化以研究博物馆的教育资源为起点，以课程结束并评价为终点，这个过程包含多个环节，每个环节还有多个步骤，这些环节和步骤都是相互联系、相互影响、缺一不可的有机体。博物馆教育课程是一个由博物馆教育工作者、学生、教学内容和环境交互生成的"生态系统"。博物馆教育资源的课程化要以目标为导向，抓好每个环节，处理好每个环节和步骤的关系，实现系统目标。

(四) 路径

博物馆教育资源课程化需要摸索出一套适合的、可持续性的路径，其中最重要的就是课程的开发和设计路径。开发博物馆课程可以从以下几个方面入手。

(1) 博物馆教育工作者在开发教育课程时，应根据本馆的定位、展览和藏品等资源，开发具有特色、广度和深度的课程。展览和藏品资源是博物馆成熟的教育资源之一，因此，利用这些资源开发课程，结合现成主题对研究成果进行直接转化，从而保证了课程内容的质量，并提高了教育资源课程化的效率。

(2) 利用展览创设有利于课程实施的情境。"课程是一个情境化的社会过程。"学习在建构主义理论中被认为是意义社会协商，即在学习的环境中结合情境、协作、会话和意义建构四个要素实现。情境是意义建构的基本条件，个体与学习环境及社会环境的融合是意义建构的核心，而意义建构则是学习的目的。在博物馆的学习环境中学习，可以帮助学生构建意义。

(3) 为了激发学生的学习欲望，博物馆教育应该围绕主题，以问题为导向，采用探究式学习的方法。博物馆教育课程需要精心设计，符合学生的学习需求和兴趣，能够引导学生采取研究性的学习方式。通过这样的学习，学生的主动探索意识会得到强化，同时会培养他们的科学精神。

（4）研究学校的课程标准和课程资源，将博物馆教育与学校教育进行衔接，从广度、深度上对学校课程进行拓展。可充分利用博物馆的实物资源，让学生进行具身认知，利用生理体验激活心理感觉，达到情感、态度、价值观的认同。

（5）依据教育对象特点及其需求开发课程。博物馆课程是面向特定学生群体的，是根据教育对象的年龄、知识水平、需求等差异量身打造的小众课程。在开发利用博物馆教育资源的过程中，需要依据教育对象的不同年龄心理、生理特点，结合青少年认知发展理论进行分众化的学校综合实践课程设计和开发。童年期学生的思维特点是具有较大的具体性和形象性，抽象思维能力还比较弱，对抽象的道理不易理解，可以让学生通过观察博物馆中的一件展品，去了解其形状、颜色、材质等特征，以帮助他们在感性认知上进行理解。少年期的学生抽象思维已经有了很大的发展，但经常需要具体的感性经验做支持。根据教育对象的知识储备和认知特点进行课程开发，避免"陵节而施"，做到生动有趣、深入浅出，以保证课程效果。例如，可以将一些具体的游戏元素或互动活动纳入博物馆课程中，以激发他们的学习热情和探索欲望。在科技博物馆中，可以利用 VR 技术带领学生通过虚拟现实走进博物馆深处，以此增强学生对科技发展的理解。此外，可以设置难度不同的寻宝或解谜游戏，让学生在参观展品的过程中进行有趣的知识学习和探索，从而提高学生的学习兴趣。同时，根据社会环境变化和教育对象的实际需求，与时俱进地改变课程授课方式方法。

总的来说，目前博物馆教育的重点是传达科学思想和方法，以及鼓励人们的创造性思维和创新意识。要塑造博物馆在教育方面的专业身份，要促使它从"资源提供"向"课程开发"建设转变，实现博物馆教育资源的可持续发展。博物馆教育资源课程化有助于促进博物馆教育资源的可持续发展，而整合博物馆资源与学校课程能够达到共同培养未成年人的目的，这是利国利民的好事。为了实现上述目标，博物馆教育工作者和学校教师需要进一步加强合作，扩大合作范围，共同开发具有深度的馆校课程，从而携手立德树人，推动博物馆教育不断向前发展。

第五章 博物馆教育课程

第二节 博物馆教育的课程理念

虽然目前对于博物馆教育课程的界定还没有一致的看法,但是可以参考教育学对"课程"的界定。在教育学语境中,课程是由一定的育人目标、特定的知识经验和预期的学习活动方式构成的一种蕴含着丰富、基本而又有创造性与潜质的一套计划与设定。[1] 根据上述定义,我们可以认为博物馆教育课程应该包括课程目标、课程内容、课程计划、课程学习方式、课程标准这几个因素。一位法国博物馆学者提到,博物馆教育综合了观众所需发展的一系列价值、概念、知识,并以此为基础进行实践。相比于学校课程,博物馆教育最大的不同在于其实践性,因此博物馆的课程要充分发挥这一特色。为此,博物馆需要结合自身特点,既吸收教育学领域的科学课程理念,又要开拓创新,探索出适合博物馆教育的课程理念。

一、什么是博物馆课程?

课程的概念来自学校教育。拉尔夫·W. 泰勒认为:"课程一词最老的含义是等同于'教学内容'的,是指在受某种教学时所要修习的学程。"[2] 随着教育教学理论的发展,课程的概念从不同角度不断被重新定义,呈现多元化发展趋势,比如下面第二节介绍的从拉尔夫·W. 泰勒课程理论到小威廉·E. 多尔的后现代课程理论。总的来说,课程从传统的强调先验性、预设性、单向性课程向生成性、创造性、双向性课程转变。

那什么是博物馆课程呢?美国著名生物学家和课程理论专家约瑟夫·施瓦布提出了应用最广泛的博物馆教育实践课程理论。他认为,博物馆教育课程由主题、教师、学生、环境四要素组成,并构成一个有机的"生态系统",形成动态平衡的关系。约瑟夫·施瓦布对博物馆课程的构成

---

[1] 王道俊,郭文安.教育学:第7版[M].北京:人民教育出版社,2016:121.
[2] 刘逢秋.博物馆儿童教育课程开发的思考[J].哲学与人文科学,2020(9):234.

做了界定，但没有涉及博物馆课程的内涵、设计原则和教育目标等重要问题，这些问题在业界也还没有达成共识，需要进一步界定和探讨。

近年来，我国的博物馆课程不断涌现，很好地发挥了博物馆作为"第二课堂"的作用。国内有专家给博物馆课程下的定义是："博物馆课程是结合对应学段学生的国家课程内容与博物馆馆藏特点，由学校教师和博物馆专业人员共同研发，充分利用博物馆的实物性、直观性、广博性、情境性和开放性的特点而研发的课程。"这个定义仅强调了学校和博物馆双方在课程中的合作，而没有提及很多课程是由博物馆教育工作者独立开发和设计的。

综合以上所述，博物馆课程是在国家课程标准基础上，结合博物馆馆藏特色、遵循一定教育规律、面向特定目标群体所开发的教学活动。它由主题、教师、学生和环境四个要素组成，包含教育目标、教育内容、教学方式、课程实施等。

二、博物馆教育的根本目标：立德树人

博物馆作为社会文化机构，教育职能已经成为它的首位职能，它也成为学校之外的另一个重要的学习场所。习近平总书记在西安博物院考察参观时曾指出："一个博物院就是一所大学校。"既然博物馆是一所"大学校"，而且是终身的学校及文化阵地，一定要充分发挥"以文化人、以德育人"的作用，牢记教育使命与教育目标，将其打造成国民重要的学习场所。

当代教育发展要回答三个问题：培养什么人、怎样培养人、为谁培养人。2018年5月2日，习近平总书记在北京大学师生座谈会上指出："人无德不立，育人的根本在于立德。这是人才培养的辩证法。办学就要尊重这个规律，否则就办不好学。要把'立德树人'的成效作为检验学校一切工作的根本标准，真正做到以文化人、以德育人，不断提高学生思想水平、政治觉悟、道德品质、文化素养，做到明大德、守公德、严私德。""立德树人"教育观从根本上回答了这三个问题，它主要包含三个思想内涵：以德立身，即以德正身；以德立学，即强调德与学的统一；以德施教，即强调德与教的统一。同时，"立德树人"教育观要求做到以树人为核心，以立德为根本。在中共中央、国务院印发的《中国教育现代化2035》中，提出

了推进教育现代化的八大基本理念：更加注重以德为先，更加注重全面发展，更加注重面向人人，更加注重终身学习，更加注重因材施教，更加注重知行合一，更加注重融合发展，更加注重共建共享。

因此，无论是学校教育还是博物馆教育，其根本目标都是"立德树人"。在开展教育活动和开发设计教育课程时，这一目标都应该作为指导方针。博物馆在策划和开发教育课程时，必须把"立德树人"和"大德育"的理念作为课程的"魂"和价值的核心，主动承担起培养社会主义建设者和接班人的使命，建设"立德树人"教育阵地。

三、博物馆教育课程的目标

在"立德树人"这个根本目标的指导下，我们再来制定博物馆教育课程的具体目标。博物馆教育课程主要是综合实践活动课程，因此，博物馆教育课程的总目标与综合实践活动的目标类似。综合实践活动旨在让学生实现与生活的紧密对接，培养学生对自然、社会和自我之间联系的整体认识和体验，同时提升学生的创新能力、实践能力和良好的个性品质，而这也属于博物馆教育的目标范围。

（一）以国家课程标准为指导

2001年教育部颁发的《基础教育课程改革纲要（试行）》第7条中明确提出："国家课程标准是教材编写、教学、评估和考试命题的依据，是国家管理和评价课程的基础。应体现国家对不同阶段的学生在知识与技能、过程与方法、情感态度与价值观等方面的基本要求。"博物馆教育课程也要实现知识与技能目标、过程与方法目标、情感态度与价值观目标这三个层面的目标。

知识与技能目标主要强调的是从实践性学习中获得的对自然、社会、自我和文化的体验和认识，而非书本知识的系统和体系。这些目标主要涵盖了人类生存所必不可少的核心知识和学科基础知识，获取、整理、应用信息的能力，创新意识和实践能力，以及追求终身学习的欲望和能力。

过程与方法目标强调的是学生通过亲身实践过程来运用多种知识，从中获得积极体验和丰富生活感受。主要包括人类生存中不可或缺的过程与方法，如解决问题的方法与能力、规划能力、学习能力等。

情感态度与价值观目标的重点是学生通过实践活动来获得体验和感悟，而不是依靠灌输或告知等单向方式。按照这种目标，情感是一个个体性态度，价值观是一个社会性态度，情感态度与价值观则是从个体性态度逐步向社会性态度内化的过程。

(二) 博物馆课程的三维目标

在设定博物馆教育课程目标时，既要结合上述三维目标理念，也要结合博物馆的特色和实际情况，制定适合博物馆课程的三维目标。

1. 提升核心素养

教育部委托北京师范大学联合国内高校近百位专家成立课题组，历时 3 年完成研究，最终发布了"中国学生发展核心素养"，以培养"全面发展的人"为核心，分为文化基础、自主发展、社会参与三个方面，综合表现为"人文底蕴、科学精神、学会学习、健康生活、责任担当、实践创新"六大素养。博物馆在保护和传播人类的历史、文化与艺术遗产方面具有独特价值，博物馆课程要拓宽受教育者知识的广度和深度，培养受教育者的学习习惯、自主探究思考习惯，理解人与自然、人与社会、人与自我的关系，培育受教育者的"核心素养"。作为素质教育和社会教育的宝贵资源库和实践场所，博物馆可以借助其丰富的历史、艺术和科学藏品及非物质文化遗产，将核心素养融入教育课程设计目标并加以转化。

2. 在实践中学会学习

实践性是博物馆教育的特点之一。博物馆是一个非常具体可感的"真实情境"，学生身临其境地观察、感悟、交流，更有可能联系个人经验与社会生活，践行"做中学"的理念。同时，学生在课程中拓宽视野，更强调个体独特的思考和探究，主动从现实生活中发现问题，增强所学知识的应用意识，形成个性化的感触与思考。除此之外，博物馆教育还旨在培养人们的创造力，提高他们进行个性化学习的创造能力。博物馆教育的课程不仅是激发学习者运用资源进行实践的过程，也是促使他们根据自身需求不断掌握方法、掌握学习技巧的过程。

3. 情感、态度、价值观

情感是人在面对客观事物和现象的刺激时产生的或肯定或否定的心理

反应；态度则表现为人对客观事物或其发展过程的情感倾向和基本观点，通常包括相应的行为；价值观则是人们用于评判客观世界的标准，它与社会性需求密切相关。从可持续发展的角度来看，情感、态度和价值观的培养对于年轻人来说可产生更持久的力量。当下，中国的教育在知识和技能层面上处于世界领先水平，但部分中国青少年缺乏批判和创新精神，缺乏独立思考能力，无法用自己的观点和态度去对待新鲜事物。面临教育改革的压力，博物馆应承担更大的责任，在培养青少年的情感、态度、价值观方面作出贡献。

博物馆教育课程可以通过设计参观展览、参与文化活动和听取讲解等多元方式，帮助学习者获取新知识和经验、拓宽视野、培养审美能力和人文素养，并在学习的过程中，实现对学习者情感、态度、价值观的影响。

（1）情感影响：博物馆中展出的文物和艺术品、历史遗迹、传统文化和民俗等，往往能够引起学习者的强烈情感反应。这些情感反应可能是对美的感受，也可能是对历史、文化传承和人性等方面的共鸣，这些情感反应有助于促进学习者的情感发展和情感教育。

（2）态度影响：博物馆教育课程往往会通过解释、比较和分析等方式，促进学习者对文物、艺术品和文化传承等方面形成合理的认识和态度。通过了解文化背景和历史内涵，改变学习者的既有观念和陈旧的思维模式，促进学习者形成更加科学、合理的看法和态度。

（3）价值观影响：博物馆教育课程往往由文化、历史和社会等方面的内容组成，涉及的主题包括人类文明、道德、美学、自然、科技等方面。在学习的过程中，通过接触和了解文物、艺术品和历史传承等方面的内容，帮助学习者形成正确的价值观。

这将凸显博物馆教育的价值，并使博物馆教育的方向更加明确。因此，博物馆的教育课程不能仅回答"世界是什么"的问题，还必须回答"何为有意义的生活"的问题。

四、博物馆教育课程的标准："可见的学习"理论

博物馆业内还没有关于博物馆教育课程标准的准确界定，我们可以先看一下学校教育的课程标准定义。"课程标准是规定某一学科的课程性质、

课程目标、内容目标、实施建议的教学指导性文件。课程标准与教学大纲相比，在课程的基本理念、课程目标、课程实施建议等几部分阐述得详细、明确，特别是提出了面向全体学生的学习基本要求。"博物馆课程标准的缺失导致了国内的很多博物馆课程又虚又空，有效信息量不多，对受教育者帮助不大。

澳大利亚的约翰·哈蒂（John Hattie）教授提出了"可见的学习"理论。约翰·哈蒂是澳大利亚墨尔本大学教授、研究生院副院长和墨尔本教育研究所主任，澳大利亚教师与学校领导力中心主席，澳大利亚研究理事会学习科学研究中心联合主任。约翰·哈蒂和他的研究团队在15年里进行了800多项分析，对涉及52 637项研究和数亿名学生数据进行再次分析，评估了138个影响学业成就的因素，形成了按照影响大小排列的"哈蒂排名"。这个排名显示，教师的影响是效应量高达0.49的最强大的因素之一。约翰·哈蒂并不认为应该将重点放在"教师中心"或"学生中心"，而是主张教师和学生在教与学的过程中应该清晰地了解和认识到这些因素，并进行互动和对话。这种"可见性"有两个方面：一方面，教师应该看到学生的学习过程，以便了解和识别能显著影响学生学习的因素；另一方面，学生应该也能看到教学过程，这样就能学习如何成为自己的教师，这是终身学习或自我调节的核心特征，也是热爱学习的关键属性。

约翰·哈蒂还提出了一个修正的学习模型。该学习模型认为学习过程可以分为三个阶段：表层学习阶段、深度学习阶段和迁移学习阶段。在表层学习阶段，学生需要花费大量时间熟悉和掌握某个学科领域或主题的基本概念、事实和原则，以建立扎实的知识基础。只有这样，才能将不同的概念或观点联系起来，并进一步推广应用。在深度学习阶段，学生需要对知识进行关系加工和精细加工，以使知识结构化，并尝试超越单一的视角，建立思维框架。在迁移学习阶段，学生能够从情境中提炼问题、形成假设、探究并调整学习方向。在某种意义上，学生成为自己的导师。具体如图5-1所示。

在这个学习模型基础上，约翰·哈蒂进一步构建了一个基于学习阶段的策略模型，见表5-2。

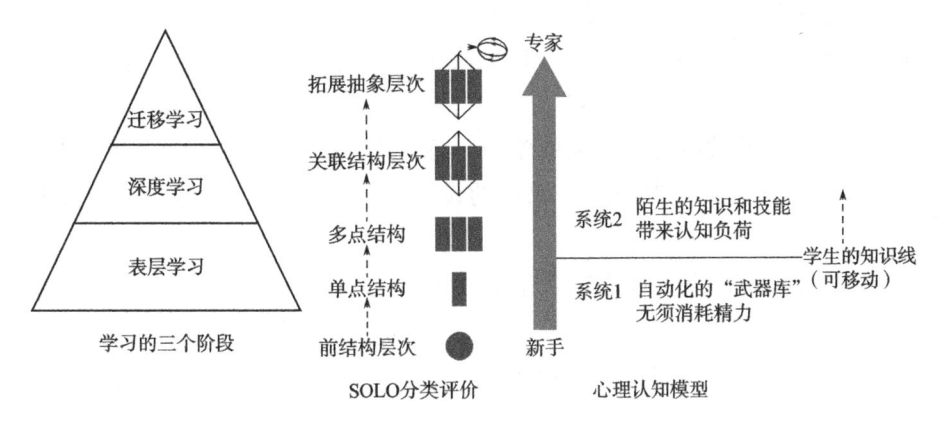

图 5-1　约翰·哈蒂的学习模型

表 5-2　基于学习阶段的内容素养教学的策略模型

学习阶段	定义	主导问题	过程	策略及其效应量
表层学习	原始知识基础的习得和巩固	关键的事实和原则是什么	复述、记忆和反复练习	利用先前知识（$d=0.67$）
				词汇技巧（比如分类、单词卡片、记忆术，$d=0.67$）
				语境中的阅读理解（$d=0.60$）
				总结（$d=0.59$）
				关于学习主题的广泛阅读（$d=0.42$）
深度学习	与技能和概念的互动	这些事实和原则是如何联系在一起的	计划、组织、精加工和反思	讨论和提问（$d=0.82$）
				交互式教学（$d=0.74$）
				元认知策略（$d=0.69$）
				概念图（$d=0.60$）
迁移学习	组织、综合和拓展概念性知识	什么时候以及如何运用这些事实和原则，以实现我的目标	在知识基础和新情境之间建立联系	阅读不同主题的文献，进行概念组织（$d=0.85$）
				正式讨论（比如辩论、苏格拉底式对话，$d=0.85$）
				问题解决教学（$d=0.61$）
				拓展写作（$d=0.43$）

约翰·哈蒂提出，教师的不同干预在学习的不同阶段和不同内容中扮演着重要角色。学习模型的有效性取决于教师所担任的三种角色："激活者""评价者"和"社会榜样"。

约翰·哈蒂教授的"可见的学习"理论对博物馆教育课程的设计具有很大的借鉴意义，可为博物馆课程的设计和实施提供切实可行的路径和方法。

博物馆教育的课程理论还处于不断发展的状态，有些还在研究、讨论中，这是博物馆教育事业向前发展的一个体现。不管怎样，我们在博物馆课程设计时，都必须牢记"立德树人"的教育观念，突出受教育者的主体地位，让课程的各个方面可见，从三个维度提高学生素养。

五、课程理念

（一）拉尔夫·W. 泰勒的课程理论

拉尔夫·W. 泰勒（Ralph W. Tyler，1902—1994）提出了现代课程理论。拉尔夫·W. 泰勒，美国著名教育学家、课程理论专家、评价理论专家，被誉为"当代教育评价之父""现代课程之父"。1934年，他出版了《成绩测验的编制》，从而确立了"评价原理"。他在1949年出版的《课程与教学的基本原理》被誉为"现代课程理论的圣经"。1981年，该书与约翰·杜威的《民主主义与教育》一起被美国的《卡潘》杂志评为自1906年以来对学校课程领域影响最大的两本著作。

拉尔夫·W. 泰勒在《课程与教学的基本原理》一书中提出了"泰勒原理"，即课程编制的"四段论"：确定教育目标、选择教育经验（学习经验）、组织教育经验、评价教育效果，简而言之，为目标、内容、方法、评价。这四个环节之间存在一个单向循环关系（图5-2）。老师在课程开始前会明确课程目标。为了确定课程目标，课程设计者应该先对学生的需要、社会的需要和学科专家的建议进行分析，从中获取一般性的教育目标，再根据一定的教育哲学和学习理论对这些初步的教育目标进行筛选，进而形成具体的教育目标[1]；再通过备课来确定内容，寻找相关材料；接下来利用准备好的材料在课堂上实施；最后结合目标对课程进行评价，评价的结果能够为下次的课程目标的确定提供更好的佐证。这就是课程开发的顺序，它形成了一种封闭有序课程设计的模式。

拉尔夫·W. 泰勒是最早讨论教育目标以及基于目标的评价的学者之一。拉尔夫·W. 泰勒认为在课程目标确定后，要用一种最有助于学习内容和指导教学过程的方式陈述目标。陈述目标最有效的形式是既指出要使学生养成的那种行为，又言明这种行为能在其中运用的领域或内容，这样才可以明确教育的职责。由于"内容"是所有课程工作者最关注的方面，而"行为"则往往是被忽视的方面，所以，拉尔夫·W. 泰勒强调以行为方式来叙写目标。[2]

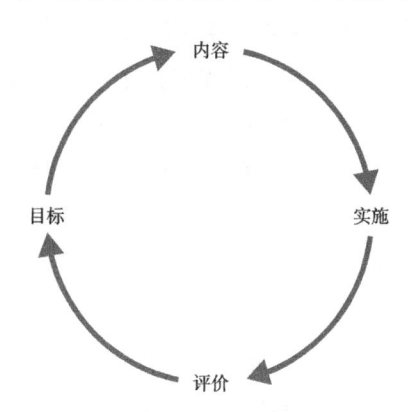

图 5-2 拉尔夫·W. 泰勒关于课程与教学的基本原理

拉尔夫·W. 泰勒提出并发展了一种最具权威性和系统化的课程设计理论，至今仍为教育领域所广泛应用，这为博物馆教育资源的课程化提供了指导。博物馆在设计教育资源的课程化过程中，需要以拉尔夫·W. 泰勒的"四段论"为指导，并注重引导课程目标，设计出具有博物馆特色且适合目标群体的教育课程。

(二) 小威廉·E. 多尔的后现代课程理论

小威廉·E. 多尔 (William E. Doll, Jr.) 是美国著名的课程理论专家，他提出了后现代课程观。他生于波士顿，在波士顿、丹佛和巴尔的摩从事教育工作，并在约翰斯·霍普金斯大学获得博士学位。他曾担任过纽约州立大学奥斯威戈分校初等教育系主任、加州雷德兰兹大学师范教育项目主

---

[1] 柏安茹,王楠,马婷婷,等.我国博物馆教育课程设计现状及发展趋势[J].电化教育研究,2017,38(4):88.

[2] 汪霞.课程设计的几个基本问题[J].教育理论与实践,2011(11):56.

任、路易斯安那州立大学课程理论项目部主任等职务,也在中国多个学区与大学担任过课程顾问。通过考虑构造主义、经验主义和过程哲学的视角,他的著作《后现代课程观》勾勒出了后现代主义课程理论的大体轮廓。这部著作在教育界产生了巨大的影响,他本人也被称为"后现代教育之父"。

在《后现代课程观》中,小威廉·E.多尔指出现代课程范式具有三大局限:封闭性、简单性和累积性。他认为当前课程呈现封闭性,教育与课程被工具化,教育与课程的内在价值——学生的心灵是成长着的有机体被忽略。多尔说:"今日主导教育领域的线性的、序列性的、易于量化的秩序系统侧重于清晰的起点和明确的终点,将让位于更加复杂的、不可预测的系统或网络。这一复杂的网络像生活本身一样,永远处在转化与过程之中。"为此,多尔吸收约翰·杜威等人的教育思想,在批判拉尔夫·W.泰勒课程理论基础上,勾画出一幅具有丰富性、回归性、关联性和严密性的后现代主义课程框架。他对后现代课程这样描述:"它是生成的,而非预先界定的。"他指出,建构主义课程并非预先设定的教学计划,而是在参与者的行为和交互作用下生成的。他为课程设计制定了"4R标准",包括丰富性、回归性、关联性和严密性。丰富性是指课程在一定程度上的多样性、深度、层次感、多种可能性或多重解释,即课程具有不确定性、异常性、无效性、模糊性、不平衡性和耗散性等特征。回归性则是指通过对话反思完成的教育过程,反映了教师的自我意识。它的框架是开放的。在回归中,反思发挥积极作用,因为思想要返回到自身,如约翰·杜威的间接经验要返回到原初经验,或者皮亚杰的内省智力要返回到实用智力。关联性是指教育联系和文化联系,情况、情境、联系总是在变化,因此课程的框架在课程运行的开始就不可避免地与运行结束时有所不同。严密性是指不确定性和解释性的结合。从某种角度来说,严密性是四个标准中最重要的。多尔还指出,教育目的、教育计划、教育评价都应该有一种新的概念,这种新概念是可以调整的、开放性的,不是以最后结果为中心,而是以过程为中心。[1]

后现代课程理论对博物馆教育资源课程化的启示是:要注意课程化过程中的不确定性与生成性,教育工作者要保持开放、灵活的心态,能根据

---

[1] 郑春夫.教学与管理(小学版)[J].教学与管理,2014(8):5-6,9.

课程化过程中的问题随时进行调整。

在博物馆教育资源课程化的过程中，要综合运用以上两种理论，扬长避短，切不可保守僵化，忽略课程的整体性、生成性与课堂、教师的情境性、不确定性。

第三节　博物馆课程设计

一、概念阐释

什么是博物馆课程设计？根据现代汉语词典，"设计"作为动词，是指在正式做某项工作之前，按照一定的目的要求，事先制定方法、图纸等。博物馆课程设计则是由博物馆主导的在分析与综合基础上对课程目标、课程内容所做的精心规划和预先制定。

之所以要进行课程设计，基于"凡事预则立，不预则废"的理念，在课程开始前的设计，可以预先分析目标群体的学情和需求，清楚课程目标，并以目标为导向组织课程内容，防止目标不明确、思路不清晰；可以预先考虑好内容的选择与组织方式，避免出错，找到达成目标的最佳方案；可以预判可能遇到的问题，找到解决的办法。因此，课程设计直接影响到了课程能否成功，我们必须充分重视。

需要注意的是，课程开发概念与课程设计概念是不同的。美国教育家拉尔夫·W.泰勒提出了课程开发的一般过程：确定课程目标—选择教育体验（学习体验）—组织教育体验—评价教育效果。这个流程包括课程设计、课程实施和课程评价，其中课程设计对应了流程中的第一、第二环节，即确定课程目标、选择教育资源，组织教育体验即课程实施，评价教育效果即课程评价。所以，课程开发包括课程设计，主要是根据目标群体确定课程目标和课程内容。

二、博物馆课程设计的步骤

（一）明确博物馆课程的要素及主体

博物馆课程由主题、教师、学生、环境四要素组成，其中的教师一般包括博物馆的教育工作者、研究人员、策展人、藏品保管人员、志愿者等，学生则与学校在校学生有实质性的不同，它是具有特定年龄、需求、知识水平的群体。

关于"博物馆教育课程的主体是谁"这个问题，业界一直存在分歧，有人认为博物馆社教人员是主体，受众是客体；有人认为博物馆社教人员和受众都处于主体地位，他们是复合主体；还有人认为受众是主体，博物馆社教人员是客体。大家发生分歧的根本原因就是对受众和博物馆教育人员在课程中的地位认识不同。笔者认为，在博物馆课程中，教育人员是主导者，受众是主体，课程的设计实施应该遵循"主导-主体"模式。

上一节讲到了拉尔夫·W.泰勒课程理论和小威廉·E.多尔的后现代课程理论，并指出博物馆教育课程的设计要综合两种理论。从根本上来说，博物馆的教育课程都是通过教育工作者来开发、策划的，结合目标群体预设教育目标，再进行内容的选择和组织、课程的实施。从这个意义上来说，博物馆教育工作人员好像是主体。但是，博物馆课程与学校课程的最大不同之处在于，它不是单向的传授和灌输，需要受众来参与、体验、实践、探索、调查等，教育人员主要起到引导作用，甚至充当辅助者、合作者，受众则要主动探求、吸收、实践，双方是平等对话和共同探究的关系。但受众实际上在整个教育课程中发挥着能动作用，在亲身实践中得到知识、能力、意志、情感、态度、价值观等方面的收获。同时，课程的实施过程中受众的表现会使课程存在一些不确定性、生成性，教育工作者发挥主导作用，使课程满足主体的需要，朝向主体而生成积极的变化发展，而不是标准化的、封闭式的、同质化的传统课程。

所以，在博物馆课程设计时，要始终有"受众是主体"这个概念，以主体为中心，从主体出发设计课程，在课程实施中也要关注主体的反应，根据主体的需求随时调整、优化课程。也就是说，博物馆教育课程要遵循

"主导-主体"教学设计模式。

(二) 学情分析

1. 学情分析是课程设计的第一步

博物馆课程设计,第一步需要做的事是研究课程教育对象。拉尔夫·W. 泰勒认为,为了确定课程目标,课程设计者应该先对学生的需要、社会的需要和学科专家的建议进行分析,从中获取一般性的教育目标,再根据一定的教育哲学和学习理论对这些初步的教育目标进行筛选,进而形成具体的教育目标。随后,课程设计者需要根据这些教育目标再来选择教育经验,可以参照拉尔夫·W. 泰勒的课程设计模式,如图5-3所示。

要获得每个课程精确、具体的教育目标,需要先对学生做学情分析。学情分析就是对教学对象或学生的分析。学情分析的主要内容包括学生的认知水平和发展规律、思维情况、生理心理状况、兴趣爱好、性格特点、现有的知识结构、能力水平、学习内容、学习方式、学习效果等。学情分析不光是教学目标设定的基础,也是课程内容分析和选择的依据,是教学策略选择和教学活动设计的落脚点,有助于提高教学效率。没有学情分析的课程整体设计往往是空中楼阁,因为没有真正了解学生的已有知识基础、经验、需求、能力水平、认知情况等,任何讲解、实践、练习、合作都很可能难以落实。所以,学情分析是课程设计的第一步,且是保证课程达到教育目标的关键一步。

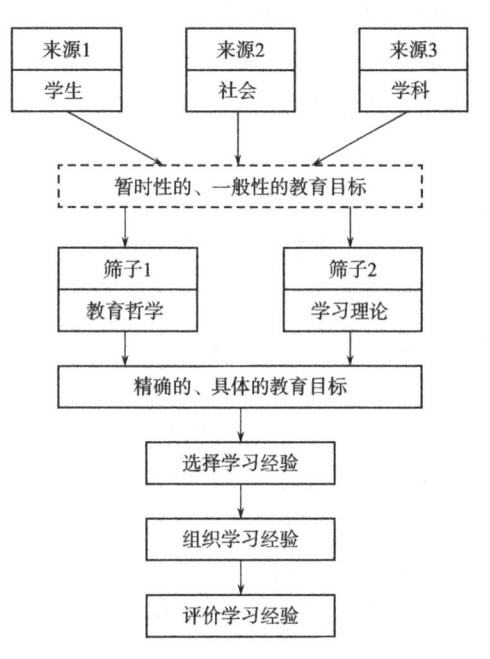

图 5-3 拉尔夫·W. 泰勒的课程设计模式

2. 对教育对象整体思维情况分析的指导理论:认知发展阶段理论

如果要高屋建瓴地对教育对象的认知水平和发展规律、思维情况、生理心理状况有一个准确的分析把握，可以参考让·皮亚杰提出的认知发展阶段理论。

让·皮亚杰（Jean Piaget，1896—1980），瑞士著名的心理学家、哲学家和教育家。让·皮亚杰在60年的研究生涯中，坚持不懈地研究儿童认知的发展。他提出了自己的发生认识论，重新界定了认知、认知过程等几千年来人们一直认同的观念。让·皮亚杰认为，儿童思维的发展既是连续的，又是分阶段的，前一阶段是后一阶段的基础，后一阶段是前一阶段的延伸。发展阶段既不能逾越，也不能逆转，思维总是沿着必经的途径向前发展。

通过长期的观察和实验，让·皮亚杰将认知发展过程划分为四个阶段：感知运动期、前运算阶段、具体运算阶段和形式运算阶段。

（1）感知运动期［0~2岁）。本阶段是思维的萌芽期，是以后发展的基础，本阶段的心理发展状态决定个体未来心理演进的整个过程，其主要特点是儿童依靠感知动作适应外部世界。

（2）前运算阶段［2~7岁）。这一阶段信号功能的出现使儿童从具体动作中摆脱出来，并开始以符号作为中介来描述外部世界。前运算阶段又有两个亚阶段：前概念阶段和直觉思维阶段。

①前概念阶段［2~4岁）：又叫作象征思维阶段，这一时期儿童开始运用象征性符号进行思维，出现了"意之所指"和"意之所借"的分化，而让·皮亚杰认为这一分化是思维的发生。前概念指的是儿童将其初学得的语言符号加于一些观念之上形成的概念，这种概念是具体的、动作的，而不是抽象的、因式的。它的显著特征是摇摆于概念的一般性和组成部分的个别性之间，使其推理显得不合逻辑。

②直觉思维阶段［4~7岁）：这时期儿童的思维为知觉到的事物的显著特征所影响，缺乏守恒性，思维具有不可逆性。此阶段思维仍然是具体的，虽然已经开始反映事物整体结构，但它还不够抽象，还不是概念。

（3）具体运算阶段［7~12岁）。"运算"是让·皮亚杰理论中的一个特定概念，是一种内化了的动作，在这个阶段，儿童具备了一般的逻辑结构，认知显著增长，有了一些抽象思维，但儿童这时的运算还是不能脱离具体事物的运算，还是零散的，不是一个完整的结构。

（4）形式运算阶段［12岁以后）。这是儿童思维发展的最高阶段，本阶段儿童的认知发展较成熟起来，思维能力已经超出事物的具体内容或具体事物的束缚，灵活性更大，能区分开内容和形式，能够根据命题或假设进行逻辑推理。

不同年龄段的儿童在思维发展上有很大的差别，在课程开发过程中要针对不同年龄段的儿童制定与之身心发展匹配的"实物教材"和"环境"，确定科学合理的教学目标、教育内容和教学手段。❶

对教育对象知识水平分析的指导理论："最近发展区理论"。现有的知识结构、知识水平是课程设计的一个重要参考值，也是学情分析中要重点开展的一项。经过分析，我们可以判断目标群体已有的发展水平和知识结构，再确定可能达到的发展水平、知识水平。已有的发展水平与可能达到的发展水平之间的区域则是"最近发展区"，而从知识、技能、能力等方面来阐述"最近发展区"就是教与学的目标。

"最近发展区理论"由维果斯基提出。维果斯基认为一个学生在某个领域内的发展并不是均匀的，而是分为他已经掌握的知识和自己还不能独立完成的任务之间的空白区域，这个空白区域就是"最近发展区"。维果斯基感兴趣的是儿童发展的潜能，"最近发展区"界定在"儿童现有的独立解决问题的水平"和"通过成人或更有经验的同伴的帮助而能达到的潜在的发展水平"之间的区域。学习者可以在教师或同伴的帮助下完成任务的范围。在这个空间中，学生可以学习新知识和新技能，并逐渐掌握它们。同时，在这个过程中，学生的认知能力和自主学习能力也在不断提高。这也意味着教育者需要具备识别学生"最近发展区"的能力和教授的技巧，帮助学生在适当的时间以适当的方式学习新知识和技能。

与此类似，约翰·哈蒂提出了"知识沟"看法。约翰·哈蒂在《可见的学习与学习科学》中提到的一个重要概念是"知识沟"，它是指学生当前知识水平与学习情境要求学生达到的目标水平之间的差距。当"知识沟"能够在短时间内被填补，学生才会产生好奇心和学习动力，愿意去拓展基础知识，努力缩小知识缝隙，达到教育效果。当学生判断"知识沟"无法被填补会成为"知识断层"时，学生就会失去兴趣，缺乏学习动机。这与"最近发展区"理论有异曲同工之妙。

所以，要做好学情分析，对"最近发展区""知识沟"有精准判断，设

---

❶ 刘逢秋.博物馆儿童教育课程开发的思考[J].博物馆儿童教育,2020(9):235.

计适合目标群体的"最近发展区""知识沟",激发他们的兴趣和内驱力,使学生发展到理想水平。

（5）确定课程目标。课程设计中具体课程目标的确定十分重要,它是课程设计后续工作的依据,决定了课程设计的方向、课程内容的选择,是课程实施和课程评价的准则。

课程目标的科学性是建立在学情分析的基础上的。学情分析越准确,越有助于确定科学、适切的课程目标。同时,课程目标的范围不能过于狭窄,要包括三维目标,既要有知识、技能目标和过程与方法目标,也要有情感态度与价值观目标。我们可以参照布卢姆教学目标分类理论。

布卢姆教学目标分类理论是 20 世纪 50 年代由美国教育心理学家本杰明·布卢姆（Benjamin Bloom）提出的,它将教学活动所要实现的整体目标分成认知目标、情感目标和动作目标三大类。

①认知目标：是指学生在知识、思维和理解方面达到的目标。认知目标又可细分为六个层次,由低到高分别为：

（ⅰ）知道/记忆（Remembering）：是指学生通过重复或背诵知识点,掌握、记忆相关知识。

（ⅱ）理解（Understanding）：是指学生能够运用所学进行解释和翻译。

（ⅲ）应用（Applying）：是指学生能够将所学知识应用于实际工作和生活中。

（ⅳ）分析（Analyzing）：是指学生能够对所学知识和信息进行分解、分类和组织,理解其内在的连贯性和逻辑性。

（ⅴ）综合（Synthesizing）：是指学生能够将分解的知识和信息组合成新的东西,建立新颖的概念和解决方案。

（ⅵ）评价（Evaluating）：是指学生能够评估所学知识和信息的可靠性、价值和质量等方面。

②动作目标：它是实验课、体育课、职业培训、军事训练等科目中主要的教学目标,动作技能涉及骨骼和肌肉的运用、发展和协调。

③情感目标：情感学习可以形成或改变态度、提高鉴赏能力、更新价值观念、培养高尚情操等,然而,由于人的情感反应更多地表现为一种内在心理过程,具有一定的内隐性和抽象性,因而这个领域学习目标相对难以编写。他们依据价值内化的程度将情感领域的目标细分为五级。

（ⅰ）接受或注意。这是低级的价值内化水平。

（ⅱ）反应。这类目标与教师通常所说的"兴趣"类似，强调对特定活动的选择与满足。

（ⅲ）评价。这一阶段的学习结果所涉及的行为表现出一致性和稳定性，与通常所说的"态度"和"欣赏"类似。

（ⅳ）组织。它是指学习者将价值观组织成一个体系，以便在遇到多种价值观念呈现的复杂情境时对各种价值观加以比较，确定它们的相互关系及它们的相对重要性，接受自己认为正确的或重要的价值观，形成个人的价值观体系。

（ⅴ）价值与价值体系的性格化。最终的表现是个人世界观的形成。

课程设计时可以从认知、动作、情感三大领域明确课程目标，且对师生双方都具有可见性。课程目标只有定得明确、具体，符合实际情况，且让师生双方对于达到目标的进程有清晰的认识和认可，觉得可行，才能有利于课程目标的实现。

（6）课程内容的确定。

①确定主题：在学生情况和需求了解清楚、课程目标确定后，就是结合博物馆的藏品、展览策划和确定主题。博物馆课程主题的确定还需要结合博物馆的资源，在内容广泛的博物馆中找到适合目标群体的有价值的主题。课程主题可以与展览相关，与藏品相关，与博物馆研究成果相关，与学校课程相关，总之，选定的主题是具有博物馆特色的。选题可以由教师根据学生的需求确定，也可以师生共同确定。

课程主题必须有丰富的内涵与外延，能从深度、广度两个方向进行纵横延展，形成一定的框架结构，统领相关知识。这个主题下涉及基本概念、科学原理、历史事实、价值取向等，涉及多学科知识。在课程设计时，可以融合新旧知识、多学科内容，培养学习者养成发散思维、独立思考、想象力、多角度思考的习惯，产生更多的课堂及课外思考。

博物馆教育课程可以是单个主题的单次课程或多次课程，也可以是多个主题的系列课程，这由博物馆的教育规划和课程目标决定。相对教育活动而言，博物馆课程更具有体系性。

总之，在博物馆中寻找有吸引力的主题，并将其设计出有知识深度又有趣味的课程，是教育工作者的责任。

②结合环境：环境是课程的四个因素之一，也是博物馆的特色之一，博物馆环境强调的是展品及其呈现方式。博物馆课程主要是利用博物馆内具有开放性、自由性、丰富性特点的环境，使其融入课程中成为协同知识建构的沃土，使身处其中的人感受到氛围，产生积极心理，发生情感反应等，从而让环境起到教学支持的作用，让教育对象开展情境学习。

情境学习理论是建构认知理论中的一种知识学习理论。情境是学习时的物理环境、社会环境、文化环境和环境氛围的综合，是学习条件和学习内容的融合。学习基本是处于某种情境的学习，是活动、情境和文化相互作用的结果。人类的认知受其所处的社会环境的限制，知识的意义也取决于社会活动的规范。在模拟的真实环境中，学习者可以通过与环境中的人、物、事的积极参与和互动来获取知识。布朗（Brown）等提出并界定了"情境性学习"的概念，认为知识是情境化的，并且在一定程度上是它被应用于其中的活动、背景和文化的产物，在非概念水平上活动和感知比概括化具有更为重要的、认识论意义上的优越性，所以应当把更多的注意力放在活动和感知上。如果知识的传递抽离了实境，则学习者学习到的只是一个新的概念，而不是内化的真实经验。所以，教学应致力于提供学习者可以实际参与的社会活动或真实情境，以方便学习者学习知识或技能。教学必须强调学习者参与物理环境，在真实的社会文化环境中观察和模仿的过程，只有积累经验才能获得学习的机会。

在博物馆课程中设置情境可以产生以下效果。

（ⅰ）增强学生的学习兴趣：情境可以让学生更好地理解知识，并且让学习变得更加有趣。

（ⅱ）提高学生的学习动机：通过情境设置，可以让学生更好地理解知识的应用场景，从而提高他们的学习动机。

（ⅲ）提升学生的记忆力：情境可以让学生更容易地记住和理解知识点，从而提高他们的记忆力。

（ⅳ）改善学生的认知能力：情境可以让学生更好地理解知识和问题，从而提高他们的认知能力。

（ⅴ）促进学生的实践能力：情境可以让学生更好地应用所学知识，从而促进他们的实践能力。因此，在博物馆课程设计中要重视情境的设置，促进教育对象的情境性学习。

（vi）近几年，场景化沉浸式互动体验课程深受观众欢迎，它是博物馆利用环境开发教育课程的一种全新探索。基于具身认知理论与情境教育理论，博物馆课程资源开发赋予学生身体在场的场景化沉浸式互动体验环境，可以通过控制灯光、场景设置、音乐、色彩、气味等环境变量，塑造一个学习者进行"生命体验"的场景化沉浸式环境。创新使用 VR、AR、MR 等技术能够打破时空限制，为学习者提供"身临其境"的"在场感"。在虚拟情境再现的基础上，充分利用学习任务清单等形式，创新小组学习探险模式，增强学生学习的互动性。多维学习情境的创设为学习者提供开放的互动体验学习环境，加强了学生与社会生活的联系，更有利于促进跨学科学习、社会化学习。博物馆沉浸式互动体验课程能够刺激学习者的五官感受，推动学生将知、情、意、行耦合在博物馆跨学科学习过程中，通过模拟社会实践活动提升博物馆学习实效，激发学生将知识内容转化为生活活动。[1]

③课程内容：接下来就进入课程设计中的实质性环节——内容选择与组织，包括教案、虚拟教具（PPT 课件、视频）、实物教具（陶瓷、衣服、活动作品等）。在这个环节中，我们要遵守以下几条原则。

第一，以学生为中心。我们的课程是面向学生的，选择出来的课程内容也是为学生所用的。所以，博物馆课程设计前我们要做学情分析，在确定课程内容时，不是完全由博物馆教育工作人员和学校教师商量就定了内容，还要听取学生的意见，让学生积极参与。课程内容要能真正满足学生的合理需求，要能让学生以主人翁的态度积极参与其中，要能促使学生积极探索、主动建构学习，实现从旧知识到新知识的迁移，并带着新的思考开展进一步的学习。

第二，适用性。博物馆课程内容要发挥博物馆的优势，注重课程的互动性、参与性、趣味性、实践性、长效性，选用与学校课程不同又有联系的内容。如果选择的课程内容既满足学生的兴趣又反映学生的需求，课程内容就能为学生所认可和同化，成为他们自身的一部分，这样他们不仅"好学"而且"乐学"，从而使教育质量得到真正提高。[2] 同时，在选择课程

---

[1] 杨俊丽,李广著.基于跨学科学习的博物馆课程资源开发逻辑理路[J].社会科学,2022(4):31.

[2] 汪霞.课程设计的几个基本问题[J].教育理论与实际,2001(11):58.

内容时，要涵盖知识与能力、过程与方法、情感态度与价值观三个维度的内容，要注意从文物展品中挖掘它们的价值观内涵，以增强价值体验、情感认同，做好价值引导，弘扬中华优秀传统和社会主义核心价值观。

第三，整体性。博物馆课程也是一个体系，教师、学生、主题（内容）、环境四个因素交互作用，形成一个整体。课程中每一个要素都不可或缺，它们相互影响，也相互支持。在数字时代，我们还会在课程中应用一些多媒体技术、数字技术及其产品，这些算是课程中的教学支持，也是课程中的一部分。所以，在进行课程设计时，要从整体上考虑主题（内容）和"环境"，让它们能支持教师、引导学生，组成和谐、有意义的课程内容。

第四，可行性。在选择时，不能一味地贪多，贪求高深，否则会挫伤学生的积极性，达不到教学效果。要把握准学生的"最近发展区"，结合之前的经验，让学生能主动学习，并实现知识的迁移。但要确定知识内容，提供学生所面对的事物，还要选择学习提供的机会。

第五，需要注意的是，博物馆教育课程设计主要是为了预先提出可行的课程方案，淘汰一些不可行、不成功的方案，防止出现课程不可行、考虑不周的情况。但是，我们还要考虑到课程的生成性。

博物馆课程设计还要具有一定的开放性和灵活性。课程不能完全是教育者预先设计好的、在教育过程中不可改变的僵死的计划，可以在师生互动过程中，通过课程教育工作者在实施过程中的观察了解，做出是否要调整活动的判断，如果需要调整，则要迅速行动起来，以促使课程更加适用，儿童更加有效学习。博物馆的课程设计绝不是为了创设一个完全确定、不容更改的课程，而是允许发展变化的、调整的动态课程，能让师生共同学习、共同建构意义。

第四节　博物馆课程案例

《永乐大典》是国家图书馆的四大典藏之一，是我国古代最大的一部类书，"合古今而集大成"，是名副其实的典册渊薮、遗书宝库，诸多佚文秘籍、典章制度赖其得以流传后世，造福学人。《永乐大典》收集典籍约8000部，保存了从秦代至明代的宝贵资料，包括历史、地理、风俗、文学等丰富的内容。为配合"珠还合浦 历劫重光——《永乐大典》的回归和再造"这个展览，促进中华优秀传统文化的创造性转化和创新性发展，增强文化自信，国家典籍博物馆特从多个角度打造了系列主题课程，以下是其中的一个课程。

课程名称

《永乐大典》的编修。

课　　时

55分钟。

教学对象

9~15岁青少年。

教学目标

a. 了解《永乐大典》的编修过程；

b. 了解《永乐大典》编修中重要的人物及其作用；

c. 了解什么是《永乐大典》的正本、副本；

d. 了解编修过程中的人员管理、待遇等；

e. 通过对比《永乐大典》在明代的盛况与如今的十不存一现状，认识到传承文明和典籍保护的重要作用。

教学重点

a. 《永乐大典》的正本、副本编修过程；

b. 《永乐大典》编修中重要的人物及其作用；

c. 培养大家传承文明和典籍保护的责任感。

教学难点

a. 在有限的时间内生动形象地讲述清楚《永乐大典》的正本、副本编修过程；

b. 引导大家思考《永乐大典》编修过程中一波三折背后的原因；

c. 互动环节的设置。

教具材料

《永乐大典》影印本、打印的诗文资料。

教学过程

环节一 （4分钟）

导入——从《永乐大典》的宏大说起，引到它的编修

《永乐大典》是国家图书馆的镇馆之宝，是世界有史以来最大的百科全书，它成书于明成祖朱棣永乐年间，重抄于嘉靖前后，共11 095册，22 877卷，3亿7千万余字，"合古今而集大成"，规模远超前代所有类书。大家可以想象一下，你觉得《永乐大典》这样一部旷世宏编，在明朝当时的条件下要如何编修而成？

环节二 （30分钟）

授课方式：讲故事

正本的编修过程分两个阶段。

第一阶段：解缙编修

从一副对联"门对千竿竹，家藏万卷书"引出《永乐大典》的提议编修者解缙。

解缙（1369—1415）与徐渭、杨慎一起被称为明朝三大才子，且居于首位。他出生于江西吉水一个有着浓郁文化氛围的士绅之家。他的祖父解子元是进士，做过元朝低级文官，元末死于乱兵。父亲解开据说得到过朱元璋的召见，但没有接受明朝封赠，终生在乡间从事著述和办学。母亲高妙莹是儿子的启蒙教师，贤良淑慧，且通书史、善小楷、晓音律，在成年后的解缙身上可以看到诸多他母亲的影子。解缙自小就被称为神童，五岁时诗文读一遍便能记住，七岁时能写文章，十岁时背诵一篇千字文便终生不忘，十二岁时读完四书五经，并通晓其中义理。

1387年，解缙参加江西乡试，考了第一名。1388年，解缙中进士三甲第十名，授庶吉士，同年，官至翰林学士。朱元璋非常器重他，命其常在身边。一天，朱元璋在大庖西室［大庖西，是指光禄寺大庖西室，明代光禄寺负责的是御膳食材的采买（凡祭飨、宴劳、酒醴、膳羞之事，都由光

禄寺负责），大庖西室，就是指厨房西边的房子] 对解缙说："我和你从道义上是君臣，而从恩情上如同父子，你应当知无不言。"次日，解缙即呈上万言书，也就是《大庖西室封事》，对明太祖在文化、教育、刑罚、用人、任官等方面的不当措施提出了批评，还谈到明太祖喜欢读一些杂书，如汉代刘向的《说苑》、宋代阴时夫的《韵府群玉》等，他想找一批志合道合、优秀的儒家学者，一起编纂一部新的内容丰富的类书。

但是，修书之事未能启动。直到公元1403年，明成祖下诏编纂一部类书，想要在这部书内将中国古代典籍尽量收集齐全，特命翰林学士兼右春坊大学士解缙负责，要求"毋厌浩繁"，尽量收罗。解缙召集了147位读书人，分头编纂，耗时一年多，公元1404年底将书编成，名为《文献大成》，呈献皇上。但明成祖看过之后很不满意，认为搜集范围不广，记载的内容又很简略。

公元1405年明成祖指示解缙重修《文献大成》。这次他命姚广孝（道衍）为第一总编，刑部侍郎刘季篪为第二总编，解缙则降到了第三位，工作人员则增到了2100多人，从此进入编书的第二阶段。

第二阶段：重修《文献大成》，《永乐大典》完成

1. 姚广孝编修

编修的第二个阶段我们要讲到《永乐大典》编修中的第二个重点人物：姚广孝。

姚广孝（1335—1418），生于长洲（今江苏苏州），祖父、父亲均为医者。他十四岁就出家为僧，法名道衍，自号逃虚子。可以说，除了朱元璋，他是明朝一位非常传奇的和尚。除了勤研佛法，并且自学兵法韬略甚至儒家思想，后来还跑去向道士席应真学习阴阳术数。古今兵法，谈古论今，学富五车，有"旷世之奇才"之誉。不仅寺院中的和尚，即使是道士、术士、学士都十分尊重他。皆言：道衍非凡。他后来成为朱棣心腹谋士。

那这个道衍和尚到底有何法术或者本事呢？

一是姚广孝实现了"送给朱棣一顶白帽子"，助朱棣当上了皇帝。

建文元年六月，燕王府的一位百户告发朱棣秘密谋划造反。与其坐等朝廷派兵来抓，不如先下手为强，此时的朱棣不反也得反了。起兵的当夜，正值暴风雨临近，忽然一阵邪风刮来，将王府的檐瓦吹落。由于在当时风吹落瓦被视为不祥之兆，朱棣等人脸色不禁一变。姚广孝却说："这是祥兆！飞龙在天，一定有风雨跟随。青瓦片掉下了，那是要改用皇帝那黄色的瓦了。"这才稳定军心。之后起兵三年，姚广孝从未临战指挥过。但朱棣认为，"战守机事皆决于道衍""道衍力为多，论功以为第一"。

二是建都北京城。

道衍和尚既是迁都北京的宣导者、支持者，更是北京城的重建者，整整进行了18年。道衍大和尚并没有囿于元朝刘秉忠建的北京城（哪吒城），而是根据他的设计规划，在原有的基础上重建。道衍和尚独具匠心，巧夺天工，建成后一直延续到现在，有600多年历史了。现在北京城的中轴线，紫禁城的三大殿，北京城的九门格局，箭楼、瓮城的修建，城墙的走向和建筑规范就是姚广孝规划的。

三是姚广孝的才学。

姚广孝的才学在明朝初年属于顶级行列，也不像解缙那样只尊奉"程朱理学"，其精通博杂的学问在修书中得到了发挥。姚广孝在儒、释、道、阴阳杂学等方面都有造诣，还颇具诗文才情，为"北郭十友"之一，诗风"清新婉约，颇存古调"。姚广孝参用南京文渊阁的全部藏书，能找到的图书也都尽量找到。在《永乐大典》修书过程中，对收录书籍未做任何修改，采用兼收并取方式，保持书籍原始内容。在姚广孝主持下，《永乐大典》顺利完成，辑录了上自先秦、下迄明代的书籍七八千种，包罗了经、史、子、集、百家、天文、地志、阴阳、医、卜、僧、道、戏剧、小说、技巧诸项内容，共22 877卷，11 095册，仅书目有900卷之多，字数达三亿七千万。永乐五年（1407年），姚广孝将定稿进呈，明成祖看了十分满意，亲自为序，并命名为《永乐大典》，清抄至永乐六年（1408年）冬天才正式成书。

组织修书之余，姚广孝还承担了太子朱高炽、太孙朱瞻基的辅导讲读工作。他的两位皇帝学生也创下了历史上有名的"仁宣之治"。一人为三帝师，且此人为出家之人，中国历史上不多见。

2. 编修的组织分工及其待遇

因为《永乐大典》内容包罗万象，所以修纂人员汇集各方才杰，从100多人扩大到2169人，供事人员达到3000多人，这么多的人，有在朝官吏，也有民间布衣，他们是如何进行组织分工的呢？我们来看下图。

修纂机构的最高负责人为监修，有姚广孝、礼部尚书郑赐、解缙三人，副监修由刑部侍郎刘季箎、翰林院修撰兼右春坊右赞善梁潜、通政司右通政李至刚等人担任；其下分工严密且细致，监修以下设有都总裁、总裁、副总裁，其次为纂修、缮录、圈点生、绘图等。其中催纂是与都总裁、总裁一个级别的。副总裁除参与统筹工作外，还要兼管一个部类的实际工作，领导若干纂修人员，搜集加工本部类的图书资料。副总裁主管部类往往是自己的专业领域，如林环兼任《尚书》副总裁，王彦文兼任《诗经》副总裁，高得旸兼任"三礼"副总裁。我们看到，虽然参与人员众多，但整个组织却庞大而不冗杂，最大限度保证了各项工作的顺利开展。

监修　副监修
统领修纂机构的整体分工

都总裁
负责监修与总裁、副总裁之间的协调沟通

总裁
与监修一起负责修纂机构的总体计划

副总裁
参与总体计划，兼管单个部门，领导纂修人员搜集加工部门内的图书资料

纂修
搜集加工图书资料，依照韵目编排连缀

缮录
执笔誊写图书资料

圈点生
以朱砂圈点眷写完成的图书资料

绘图

催纂
监视编辑工作的进度

当时编撰地点就在文渊阁，明初文渊阁的丰富藏书，为编撰者提供了很大便利。在修纂过程中，编修者的饮食起居基本得到朝廷包办，由光禄寺负责朝暮饮食，被特别安排在文渊阁就近的区域居住（崇里坊），给他们提供了优越、便利的生活条件。笔墨纸张由司礼监发放，膏烛钱由礼部定期提供，保证他们夜以继日地工作，并有权查阅皇家藏书。

3. 陈济其人

在《永乐大典》的编修者中，才学出众的人不少，有一位平民脱颖而出。永乐帝纂修《永乐大典》，陈济被人举荐，成了中国历史上唯一一位以布衣平民的身份进入宫中任国家文化工程负责人的读书人。他担任了《永乐大典》都总裁，与姚广孝等人一起确定了体例。那这个陈济是一个什么样的人呢？

陈济，出生于1364，常州府武进县人，自幼聪慧异常，读书过目成诵，口诵手抄十余年，遂博贯经史，精通百家之言。他的记忆力特别好。有一次，其长子陈道问他："外人都说您老人家善于记诵，现在我从书房随便拿本书，您来背一下行不行？"陈济说："行。"陈道于是随手一摸，拿到一本朱熹所作极为深奥的书。陈济见了，平静地说："这部书比较难记，你先提一下第一句。"陈道翻开书来读了第一句，陈济便高声朗诵全篇，直至篇末，一字不错。后来又屡试不爽，大家都佩服不已，连明成祖也对他的博闻强记、满腹珠玑大加赞叹，称他为"两脚书橱"。

陈济在《永乐大典》编修中负责整体编纂工作，他与姚广孝、解缙等人商议后，主持制定编辑体例，决定按韵目分列单字，又按单字依次辑入与此字相联系的各项文献记载，并起草凡例，规定分工写作方法。在他的精心安排下，全书的体例制定得秩然有法，十分得体，使数千纂修者在浩瀚书海中翻阅抄写，进行得井井有条，有规可循。修纂人员在工作中遇有疑难，都向陈济求教，陈济均能立即为他们释疑解难（还能为之钩玄探微，考证鉴核，广征博引，"应口辨析无滞"），没有人不佩服他的学富五车、才高八斗。在陈济的具体指挥下，来自各地的2000余名精英经过辛勤努力，终于大功告成。但陈济并不居功自傲，而是谦虚地让姚广孝等向皇上汇报。

《永乐大典》编成后，陈济被授为右春坊右赞善，为太子僚属，后来居辅导之职十五年，五个皇子皇孙俱从其学四书五经。

环节三　互动环节（5分钟）

授课方式：请三位听众来朗读、猜测作者和表达感受

请出三位观众，分别朗诵一首诗，让他们猜猜分别是谁所写，并大致谈谈他们对诗文的理解及对作者性格的揣摩，最后揭示出三人不同的人生结局。

编修中的以上三个人物最后结局怎么样呢？我们先来看两首诗，先请两个观众来读一下。

斧

斫削群才到凤池，
良工良器两相资。
他年好携朝天去，
夺取蟾宫第一枝。

题观音岩

谯橹年来战血乾，烟花犹自半凋残。
五州山近朝云乱，万岁楼空夜月寒。
江水无潮通铁瓮，野田有路到金坛。
萧梁事业今何在，北固青青客倦看。

大家可以猜一猜这两首诗分别是谁写的？

那这三人的结局是怎样的呢？

在《永乐大典》的庆功会上却没有解缙的身影。就在9个月前，解缙被贬到广西做布政司参议。又遭礼部侍郎李至刚攻击，随即又改贬为交趾（今越南），命督饷化州。永乐十三年正月十三日，锦衣卫指挥纪纲向明成祖上报锦衣卫监狱在押的囚籍，明成祖看到解缙的名字说了一句："缙犹在耶？"纪纲一听马上明白明成祖的意思，当晚就准备好酒好菜，将解缙灌醉，然后把他拖到积雪中埋起来活活冻死。第二天向明成祖汇报，说解缙昨夜突发疾病而死。明成祖就下令抄没解缙财产，将他的家人流放到辽东。

与解缙不一样的是，陈济为人谦虚谨慎，另外，生活很朴素，虽居高官多年，仍住简陋的苇墙草屋，说聊蔽风雨则可。他一生好学不倦，晚年时仍每天端坐桌旁，手不释卷地写文著书。著述语言通俗，重内容不重词令，可惜稿藏于家，今多不传。永乐二十二年（公元1424年）中风去世，享年六十一岁。

至于姚广孝，他辅佐朱棣，开创出"经济繁荣，百姓生活安定；政治清明，国力强盛；文化建设上效果显著"的永乐朝新气象，并在仁、宣两朝得到延续，完全可以媲美历史上的"文景之治""贞观之治"。1418年，姚广孝在北京庆寿寺圆寂，享年89岁。朱棣遵从其遗愿，以僧人的方式葬于房山，撰写神道碑，寄托哀思，以文臣身份入明朝祖庙，可以说是作为臣子的最高礼遇了。姚广孝去世后，朱棣为他废朝两日，还追赠他为辅国协谋宣力文臣、特进荣禄大夫、上柱国、荣国公，赐谥恭靖，还亲手为他写了铭文，给姚广孝的养子升官，还让他的养子管理玉玺和牌符。

这三人的结局对我们有什么启发呢？

性格决定命运啊！

环节四 （15分钟）

授课方式：与正本编修对比，副本的编修过程及相关人物（徐阶、高拱、张居正）

一、副本的编修过程

《永乐大典》在永乐五年（1407年）修好后，朱棣把正本带到了北京，先后放置在奉天门的东庑［wǔ］、文楼等地，这部书基本就一直藏于深宫。除了皇帝，就算是内阁大臣们也很难看到《永乐大典》。嘉靖帝非常喜爱《永乐大典》，案头常置一二帙，以备随时翻阅。明嘉靖三十六年（1557年），紫禁城大火，奉天门和三大殿被烧毁，嘉靖帝担心殃及附近文楼储藏的大典，一夜之中传谕三四次下令搬迁，使其幸免于火海。

此次事情后，嘉靖皇帝为防止不测，着意重录一部大典，存于他所，也就是皇史宬［chéng］，嘉靖四十一年（1562年）秋，正式任命高拱［gǒng］、瞿景淳［chún］负责校理抄写《永乐大典》副本。

二、重录人员及规章制度

《永乐大典》的重录，以礼部侍郎高拱、左春坊左谕德兼侍读瞿景淳为总校官，重要参与者有翰林院官员张居正、徐时行、王希烈、张四维等。

重录工作对书写水平有较高要求，吏部和礼部为此主持"糊名考试"（糊名法创立于唐朝武则天即位初年，科举考试中，为公平起见，把名字盖起来改卷，称为糊名法，但当时并没有在科举考试中普遍使用），最终招收109位善书人负责抄写誊录。

为保证重录工作的顺利进行，朝廷照例设置必要的服务设施和人员，如内府御用监调拨画匠、纸匠，顺天府专门提供上等的砚台、笔墨，惜薪司及工部供应取暖的木炭，光禄寺负责酒饭，翰林院支付书写人员"月米"，锦衣卫拨送巡禁，保障安全。

重录副本制定了严格的规章制度，规定缮写人员晨入暮出，每次领取大典正本必须登记，不许私自携带外出雇他人代写。每人每日抄写三页，完全按照正本的册式、行款摹写，如有差错，必须重写，发现有混报怠工者，还要"罪坐各官"。每册大典重录完毕后，于册后注明该册重录总校官、分校官、写书官及圈点人员姓名，以示各人职责。

重录工作直到嘉靖去世次年，即隆庆元年（1567年）才大功告成，共耗时五年，与永乐正本在内容和外观上几无二致。

环节五 （1分钟）

最后点一下这部典籍目前正本不复存在，副本所剩不多，号召大家一定要做好典籍和文明的保护传承。

《永乐大典》作为"世界有史以来最大的百科全书"，命运多舛，目前大部分已遗失，不禁让人感叹。这也说明了我们每一个中国人都肩负着典籍传承保护的使命，只有这样，我们中国的文明之河才会流淌不息。

第六章　博物馆教育的组织实施

日本博物馆学家鹤田总一郎曾经说过：博物馆是一种人和物的组合体。博物馆以藏品为中心，以人为本。博物馆教育以"人"为本，以物为载体，具有直观性、情境性、实践性等鲜明特点，区别于学校教育。博物馆是一个非正式学习场所，同样，博物馆教育的组织实施也有别于学校。

博物馆教育的组织实施需要遵循几条原则。

（1）牢记博物馆教育的愿景或目标。皮亚杰说："教育的首要目的在于造就有所创新、有所发明和有所发现的人，而不是简单重复前人做过的事。"博物馆社会教育的根本目标是育人，所以博物馆教育的第一原则就是利用博物馆资源立德树人，培养"有所创新、有所发明、有所发现的人"。

（2）注重实物教育和情境学习。博物馆教育的内容主要围绕展品开展实物教学，从中汲取展品所承载的历史、艺术、科学、文化知识，实物性、直观性是它的特色。此外，博物馆教育主要在博物馆这个社会化的学习场所内进行，可以为参与者创设各种学习情境，通过开展情境学习来满足学习需要。

（3）博物馆教育的目的是促使受教育者学会学习、自我完善。博物馆教育不是采用单向的灌输方式，而是强调互动性的"启发式教学"，激发受教育者的好奇心、兴趣、内驱力，引导他们主动开展"探究式学习"。博物馆教育者起的是主导作用、桥梁作用，受教育者则是主体，是自我学习的负责者。

（4）开展个性化与差异化教育。博物馆教育的开展是双向选择的结果，各种博物馆为社会公众提供了多样化的选择菜单，公众可以根据自身意愿和需求选择参加博物馆的教育活动或课程。同时，博物馆运用信息技术、虚拟现实技术、数字技术等新兴科技，采用灵活多样的教育方式和手段，以满足学生个性化、差异化要求。

第一节　博物馆教育的组织

博物馆教育有别于学校教育，是一种开放的、面向公众的教育。那要如何才能更有效地组织好教育活动，促使有限资源的高效使用？经过对观众进行研究分析，以及在博物馆教育实践中的摸索与总结，我们发现：实际上每个活动的教育对象不可能都是全体观众，因为每个活动会有具体的教育目标，自然也会定位具体的目标教育对象。而根据教育的目标或者观众对信息的不同需求将观众群体细分为多个目标群体，再针对这些目标群体开展不同的教育活动，效果明显，教育目标实现度高。这就是分众化组织策略。

"分众"这个词最初收录于美国预言家阿尔文·托夫勒1970年的著作《未来的冲击》中，并在当时引起了极大的反响。"分"就是区分，"众"就是有清晰特征的受众群体。根据《现代汉语词典》（第7版），"分众"的意思是根据用户需求差异等情况划分人群。

"分众化"原本是媒体用语，指受众从原来的大众转变为只针对某一特定的群体。[1] "分众化"也就是对大众群体进行细分，对不同对象用不同传播方式，对某一类且有相同特征的群体采取同样的传播方法。博物馆教育的分众化组织就是将博物馆教育的受众进行细分，根据不同受众的特点，策划设计适合的教育活动，并有计划地组织目标群体参加教育活动，取得预期的教育目标。

目前，分众化组织博物馆教育活动已经成为世界博物馆通用的方式，

---

[1] 白府正.我国高等教育分众化的经济意义[J].中国高等教育,2009(8).

在我国也方兴未艾。"发达国家和地区博物馆在进行教育活动策划时,需要在所有层次上,从经验、实践和探索中,考虑到受教育者的需要,分众化地设计讲座、手工、夏令营等不同类型的教育活动,每个项目既可以自成完整的系列,也可以根据教育对象、教学目标、教学方式的不同拆分成'教育菜单'供选择、组合或调整。"[1]

分众教育是区别于大众教育的,它在开始前,必须对教育的目的和对象有一个清晰的认识,然后按照不同的需要进行不同的教育。只不过对于"馆藏分众教育"这个概念,到现在为止还没有一个成熟、标准的界定。应当指出,这些被细分的观众具有一个或多个方面的共性,但仍是具有一定差异的群体。分众对象"并不是同质的孤立个人的集合,而是具备了社会多样性的人群"[2]。

一、博物馆开展分众教育的必要性

(一) 分众教育是满足大部分观众需求的必要措施

博物馆的社会观众是由有着不同文化背景、艺术修养、兴趣爱好等的庞大人群组成的,个体之间存在很大的差异性。大众化的展览虽然面向所有观众,但博物馆的展览即使再完美,也不可能满足所有观众的需求,这就需要博物馆针对部分特定观众的需求策划不同的、形式多样的、适合的教育活动,以满足他们的需求。多样化、面向不同群体的教育活动相叠加,等于满足了很多不同群体的需求,直至满足大部分观众的需求。

(二) 分众教育是提高教育质量的有效措施

近些年来,博物馆对观众的研究为细分观众打下了很好的基础。基于观众的差异性,对观众群体加以细分,筛选出教育活动的不同目标群体,仔细研究目标群体并根据目标群体的需求来开展有针对性的教育活动,能

---

[1] 黄旭茹.博物馆教育活动管理研究——以中国闽台缘博物馆为例[J].文化教育,2015:42.
[2] 郭庆光.传播学教程[M].北京:中国人民大学出版社,2011.

在目标群体清晰、教育目的明确的时候,想观众所想、答观众所惑,有计划地开展教育活动;能优化观众的教育体验、提升观众的满足感和认同感,提高教育质量。

(三) 分众教育是博物馆服务趋向精细化发展的必然举措

随着生活水平的提高,人民对于精神文化需求不断丰富化、多元化、进阶化,博物馆的社会观众也在不断分层。博物馆作为国家文化服务机构,分众化服务已经成为业内探索的重要方向,通过细分观众的文化需求,针对不同的服务对象采用不同的方式和手段,分别推送精准、适合、贴心的服务,满足了观众的文化需求,大大提高了服务的满意度,所以分众化服务是大势所趋。

二、分众教育的优点

(1) 分众教育是建立在对观众调查研究的基础上的,目标群体明确,且对目标群体的心理特征、认知程度、兴趣喜好、社会需求等因素有一个较清楚的认识,再有针对性地开展教育,会让教育有的放矢,贴合度较高。

(2) 分众教育是一种小规模的教育模式,类似于学校的小班级,并不是为了满足所有人的需求,而是为了满足特定人群的需求,是一种更具启发性、个性化和差异化教育的方式。

(3) 分众教育可以采取一些小众化的教学方法,例如,体验活动、参与活动、探索活动,为学生提供很多实践的机会,这样才能最大限度地激发学生的学习热情。

(4) 分众教育通过有针对性的教学设计,培养更多具有较高专业水平和较高文化水平的大众,使博物馆在科普教育中的地位更加突出。

总之,博物馆教育采取分众化的组织模式,根据不同的人群需求和兴趣开发专门的教育课程和活动,例如儿童教育、家庭教育、青少年教育、社区教育等,有助于更好地满足各种人群的需求,提高博物馆教育的参与度和效果。

三、如何开展分众教育？

（一）根据年龄特征开展教育

在分众教育理念的指导下，目前博物馆界开展教育活动的区分标准大部分是采用分龄的方式。根据儿童的年龄和生理心理发展规律，一般将观众分为婴儿期与学步期、幼儿期、童年期、青少年期、成年人、老年人六个年龄阶段，并相对应地开展活动。为了进一步提高教育效果，有的还会将这六个阶段进行进一步细分，比如将童年期分为一年级、二年级、三年级……

比如，大英博物馆设置了成人教育部，专门从事成人教育活动，团队组成包括项目领导、艺术史教育人员和项目经理。成人学习项目一般通过讲演、研究班、谈话、制作车间、辩论和表演等形式实施，旨在实现创造性、多样性、参与性、令人愉悦等目标。他们为大学组织音乐会、喜剧活动、制作纺织品和瓷器的车间活动，为家庭观众组织大型的绘画活动。上海博物馆还提供了一项"适老化"服务，为了防止老年人出现"数字障碍"，他们专门在博物馆的店铺旁设置了"老有所养"服务，安排工作人员为游客提供免费预约服务。上海博物馆还配合展览提供分龄导览服务，为老年人提供通俗、生动、有趣的服务，内容也是与"银发族"的生活息息相关。

（二）根据活动对象来开展教育

根据活动对象的不同，可以将教育活动大致分为针对儿童的教育活动、针对成年人的教育活动、针对特殊群体的教育活动三种类型。这样的区分突出了儿童教育的重要性，也将特殊群体与普通公众区分开来，特殊群体一般包括专业人士、少数民族、残障人士等。例如，中华艺术宫、上海当代艺术博物馆等，多年来就推出手语艺术导游服务，为许多聋人提供了福利。

（三）根据语种区分

对于多民族、多种族观众较多的博物馆，在开展教育活动时可以根据语种来细分，比如汉语类教育活动、蒙古语类教育活动、粤语类教育活动、英语类教育活动等，目的是帮助这些人和他们自己的文化传统之间产生一种认同。

（四）根据职业或行业区分

博物馆观众分布于社会各个行业中，有时教育活动也会以职业或行业来区分，比如面向学生、教师、警察、法官、艺术从业者、农民工等的教育活动。

分众教育是博物馆开展教育活动的指导理念，但对观众的区分标准并不是唯一、统一的，可以根据博物馆的藏品、展览、教育愿景、观众情况、活动目标等具体问题具体分析，以筛选出活动对应的目标群体，有针对性地开展教育活动。

四、分众化组织博物馆教育的注意事项

（一）目标导向与过程管理相结合原则

在项目的具体实施过程中，教育人员应致力于保障其顺利实施以达到预想的效果，坚持目标导向与过程管理相结合的原则。在博物馆教育实践中，要以教育目标作为组织管理的参照，通过活动过程的控制和管理，达到控制教育组织与管理水平的目的。

（二）多层次、多角度进行分众，服务尽可能多的观众

在分众理论的指导下，博物馆要对其资源进行合理调配、挖掘与建设，确定多层次、多样化的教育目标，为广大观众服务。同时，做好观众研究工作，在对博物馆和观众全面了解和分析的基础上，结合教育目标做出细致划分，多层次、多角度地开展针对不同受众的教育活动，为其提供差异化的特色服务，提高博物馆的吸引力、延续性和覆盖面。

（三）联合多方力量，打好"合作牌"与"创新牌"

在分众教育思想的指导下，博物馆应针对不同的受众群体进行具有不

同特色的科普活动。博物馆可以联合政府、企业、学校等多方力量，既可"走出去"，也可"引进来"，实现资源共建共享和利用最大化。同时，还要开拓创新，全面挖掘资源的教育价值，推进分众教育活动的创新化开展。

（四）注意资源的可持续化分配

在博物馆教育资源有限的前提下实行分众化组织模式，要注意博物馆教育资源的合理分配，将其与教育目标、规划、任务、展览主题、主次顺序等联系起来，有目的、有计划地形成平衡发展。若同时面向多个不同目标，会导致教育资源太分散，主题不突出；若在少数目标观众的教育项目上集中太多资源，会导致教育资源不均衡，影响其他观众的教育效果。因此，要思考如何合理分众和如何进行资源的可持续化分配，确保完成博物馆的教育目标，且不同年龄层、不同背景的观众都有学习的机会。

第二节　博物馆教育的实施

博物馆教育的组织与实施往往是相连的。教育项目在实施时，主要是以教育目标、内容和对象的特性做参考来规划项目的具体实施，大致可以将其划分为四个步骤，分别是情境培养、内容提示、直接体验、回顾和经验分享。也可以根据项目的具体实施过程将项目分为前、中、后三个阶段，并进行"一体化"管理，以保障教育的顺利实施及达到预想效果。

一、教育项目前阶段要做好准备工作

（一）宣传与营销教育项目

在信息爆炸的当前时代，博物馆必须对教育项目进行广泛宣传与营销，将教育信息传播至公众，得到更广泛人群的关注与支持。博物馆可以选择传统的电台、电视、报纸等大众传媒来发布教育信息，吸引公众尤其是目标观众群体的关注与兴趣；使用自有的传媒手段，比如召开新闻发布会、

印发宣传资料、主动邮寄宣传资料等多种形式，及时让社会公众知晓教育动态；通过官网、微博等其他网络媒体进行宣传，现在庞大的网民数量使得网络传播必然成为博物馆宣传首要的手段；利用移动设备上的微信等应用软件和社交平台扩大宣传和影响。在信息时代，宣传和营销非常重要，博物馆教育的辐射面需要借助宣传和营销得以进一步扩大，招募到适合的参与人员。

（二）制订教育项目计划

教育项目计划的具体内容包括制定教育目标、选择教育内容、教育实施方法与具体过程等。拟订计划时，既要考虑博物馆资源的使用，又要考虑教育对象的背景、能力、需求等，对教育对象参与活动的心理预期等进行预判，综合考虑博物馆的设施设备、教材教具、教学方法等，而且要让参加者详细了解计划主题、教育目标、教育内容、教育流程、时长等，从而双方达成一致的目标，一起努力实现目标，包括教育资源的介绍和讲解技巧等方面的培训。

（三）组建教育团队

博物馆教育项目的团队一般有博物馆在职人员、教师等教育工作者、志愿者。

教育团队人员都需要有教育学、心理学等理论基础的学习，志愿者需参加相关的培训，以具备基本的素养。教育团队负责制订教育计划，并在博物馆内或者线上实施教育活动。在具体实践中，博物馆教育团队可能会以组织讲座、参观工作坊、设计观察游戏、进行互动等方式吸引观众，同时可能会设计教育展览、教育项目、学习资源等。他们通过这些手段向观众传授博物馆收藏品的历史、文化、科学等方面的知识并引导观众对博物馆收藏品产生兴趣。同时，在教育实践中，博物馆教育团队还强调反思和评估，以不断优化教育策略和提升教育效果。

（四）配置相应的资料

为了更好地实现教育目标，达到较好的教育效果，需要配置相应的教育资料和工具。现代博物馆教育将资料的配置视为关键要素，以确保教育对象深入了解教育项目的全面内容。博物馆教育项目需要大量的资料,以帮助教育对象深入探究主题或概念。这些资料可以是文字、图片、书籍、实物等,也可以是音频、视频、专题研究等;可以是博物馆的内部资料,比如学习单,也可以是收集和整理过的外部资料。现代博物馆教育越来越强调互动性和参与性,因此需要提供更多的交互性资料。这些资料可以是游戏、模拟器、虚拟现实、增强现实等,可以通过触摸屏、手持设备、头戴显示器等获得。综合使用这些资料可以丰富展览内容,提升观众的学习和体验效果。

二、教育项目进行中阶段要做好引导、管理工作

博物馆教育项目的实施过程中应注意把目标导向与过程管理相结合,做好引导、过程管理工作,使活动朝着教育目标正常有序地进行。教育人员需保障活动顺利实施以达到预想效果,在活动过程中把握好节奏,进行全局把控。教育工作者需关注参与者个人的正常诉求,及时给予解答、满足;随时注意观察参与者的表现,根据现场情况随时调整;引导参加者发挥主体作用,通过观察、调研、动手实践等多种方式解决值得探索、思考的问题;随机应变地处理好突发状况。

(一)实施暖身活动来调动气氛

一般来说,博物馆教育项目在实施前会有一些暖身活动,台湾博物馆学者黄淑芳将教育活动前的暖身运动称为"活动的前导"。为什么安排暖身活动呢?因为参加活动的人彼此陌生,通过暖身活动可以帮助参与者放松身体、提高注意力和专注力,同时可以帮助参与者更好地适应新环境,增强参与者的团体感和合作精神,为后续的博物馆教育项目创造良好的氛围和条件。此外,暖身活动还可以有助于减轻参与者的心理压力和紧张感,增强他们参与学习的信心和兴趣。

暖身活动的形式很多,可以是自我介绍、吟唱简单的儿歌、认识同伴的游戏,也可以是包括介绍博物馆的历史和展览,帮助参与者了解项目的目标和重点,以及引导参与者思考和讨论与项目相关的主题或问题。此外,一些博物馆教育项目可能还会设计一些互动活动,例如,展示一些文物或

物品，让参与者猜测其用途或历史背景，以增加参与者的兴趣和参与度。上海证大现代艺术馆在举办一次公益沙龙活动前，为与会观众组织了"暖身游戏"，通过礼品奖励认识新朋友最多者，建立了轻松愉快的气氛，促使与会者尽快地熟悉起来，提升教育对象的参与度。

（二）吸引注意力

注意是人的思维对某一特定对象的追求与聚焦，是人的所有认知过程的起点。活动首先肯定是要吸引参加者的注意。注意可以分为无意注意和有意注意两种。注意力具有四个特性，即注意力的广度、注意力的稳定性、注意力的分配、注意力的转移。注意力的广度是一个人在同一时刻所能注意到的对象的数目，它是一个人在空间中所具有的质量。例如，一年级儿童常常逐字阅读，注意力的广度很小，随着年级的升高，学龄儿童注意力的广度在不断发展，他们的经验越加丰富，阅读技巧形成，一次就看到整个句子以及句与句的联系，而且女生注意力的广度高于男生。注意力的稳定性是指对同一对象或同一活动注意所能保持的时间，这是注意在时间上的品质。注意力的分配是一种将注意力集中在两个或两个以上的目标或行为上的一种方法。注意力的转移是将注意力从一个物体或行为上转移到另外一个物体或行为上。

在教育活动中，教育工作者要组织好教学，把大家的注意力引导到需要注意的事物上，并关注他们的注意力的广度、注意力的稳定性、注意力的分配、注意力的转移四个方面的特点，给予指导。

那博物馆教育项目中如何提高参加者的注意力呢？

（1）制定吸引人的主题或话题。一个有趣的主题或课程中与学生有关的话题能够引起教育对象的兴趣，从而吸引他们的注意力。

（2）使用视觉和互动元素。展示有趣的道具，供触摸或互动的展示以及视觉效果都可以吸引教育对象的注意力。

（3）设计有趣的互动游戏、制作或实验。

（4）讲述故事和背景知识。

（5）创造一个环境温馨与友好、受欢迎的环境。

(三)"多感官协同记忆"

除了视觉外,还要尽可能多地调动听觉、嗅觉、触觉等多感官,识记时让各种感官相互配合,促进知识的理解、记忆,这就是心理学上的"多感官协同记忆"现象。根据博物馆学家艾莲·胡珀-格林希尔的研究,一般观众在博物馆参观经验中,多半侧重使用读、听、看等能力,而这几种能力却让观众在参观完毕之后只能记住10%~30%的展览内容,然而,结合口语表达,甚至加上动手操作的经验,却可以帮助观众记得70%~90%的参观内容(表6-1)。[1]

表6-1 可加深记忆的学习方式

我们的记忆倾向	活动的形态	学习的方式和内容形态
读10%	读	符号的方式
听20%	听	抽象的、被动的
看30%	看图 看戏剧 看物品 看影片 看演示 看角色扮演	图像的方式 具体的 被动的
说70%	参与讨论、交谈	积极参与活动的方式
说和做90%	参与演示 触摸和讨论作品 使用互动式的展示 做戏剧性的呈现	实验性的活动

(四)激发兴趣和主动学习

兴趣属于学习动机的一种,它是一种内在的倾向,是从社会实践中生成并发展出来的。博物馆教育活动在环节设置时要考虑布置一些有趣的、

---

[1] 黄淑芳.现代博物馆教育:理念与实务[M].台北:台湾省立博物馆,1997:10-32.

有挑战性的环节，刺激他们的好奇心和兴趣，让他们能自由选择，并设置奖励，鼓励儿童参与活动，在兴奋中完成学习任务。博物馆教育活动不是单向的知识传输，而是要以激发参加者"主动学习"作为核心理念。

（五）学习迁移

学习是一个持续的过程，新的学习都是基于学习者已经具备的知识经验、技能、态度、学习策略等，并使新的和旧的学习互相影响，即学习的迁移。在一个人的整个生命中，迁移现象是一种广泛存在的学习方式。迁移是以新的方式或在新的情境中应用原有知识，涉及对记忆网络中知识的激活。学生的智力、年龄、认知结构、学习态度等主观因素，还有学习材料的特点、教师的指导、学习情境的相似等客观因素都会对学习产生影响。

奥苏贝尔（1918—2008）提出了现代迁移理论——认知结构迁移理论。奥苏贝尔是美国认知教育心理学家，认知派学习理论的代表人物，先行组织者的提出者。奥苏贝尔在发展心理学和教育心理学方面具有突出贡献，由于对教育心理学的重大贡献，1976年他获得美国心理学会颁发的桑代克教育心理学奖。代表著作有《自我发展与个性失调》（1952年）、《儿童发展的理论与问题》（1958年）、《意义言语学习心理学》（1963年）、《教育心理学：一种认知观》（1968年）等。

奥苏贝尔的"有意义的学习"是现代迁移理论的核心，它强调新的知识和已有的知识之间的物理连接，因此，"有意义的学习"是从已有的"有意义"中衍生出来的。辨别力、可获得性和稳定性是影响迁移的三个重要认知结构变量。当学生在学习一种新的知识的时候，如果原来的认知结构具有较高的可用性、较大的辨别性和较强的稳定性，那么，新的知识的学习就会发生迁移。

在博物馆教育活动中，教育人员应该在充分理解迁移的发生规律及其影响因素的基础上，在与参加者的每一次接触中都注意创设和利用有利于积极迁移的条件和契机，促使参加者投入博物馆教育的情境中，主动学习，产生积极的迁移。

三、教育项目后阶段要做好总结和回顾工作

博物馆教育人员应该重视总结和回顾这一环节,这是促进参与者互动的较好机会,能让他们享有具体完整的博物馆活动体验,拥有美好的回忆,并能加强博物馆活动的教育效果。

(一)活动回顾

博物馆教育开场有暖场或者导入,最终结束前需进行活动回顾与经验分享。教育人员回顾一下本次教育活动的内容、效果、优缺点等,总结并记录下来,形成一份详细的活动报告;在回顾的时候,可以让参加者分享心得、作品、成果等,加强大家的交流学习;也可以组织参与者一起讨论,让大家的思想碰撞出火花,情感得到进一步升华;还可以进行有奖问答等,检验大家的学习成果。

(二)分析总结

收集整理参与者、志愿者、工作人员的反馈,了解他们对本次活动的评价和建议,了解活动的优点和不足之处。对活动中出现的问题进行分析,定位原因,并找到解决办法,为下一次活动作出改进和调整打好基础。总结经验,将成功经验和好的做法进行总结和分享,以便在以后的教育活动中复制和推广,针对本次教育活动中出现的问题和改进方案,制订下一步的改进计划,为以后的教育活动提供参考。

(三)宣传推广

将本次活动的成果和效果通过各种渠道进行宣传和推广,提高活动的知名度和参与度。

(四)"衍生化"开发

围绕本教育项目做评估,该主题是否可以进一步开发内容和形式丰富的活动,形成一系列"衍生化"的产品。

第三节　馆校合作

随着教育功能的日益突出，博物馆作为非正式教育机构和终身教育场域，主动开发了众多博物馆教育课程，不断塑造和提升博物馆在教育方面的专业性，然而，虽然博物馆从"资源提供者"向"课程开发者"转变，也不如学校在教育方面那么专业。博物馆教育课程要想发挥最大效果，需与学校建立合作关系，学校也需要博物馆的资源，所以双方可以发挥各自优势共建共享课程，推动教育有序进行。

一、馆校合作的原因

（一）博物馆具有学校所没有的优势

1. 拥有场馆资源优势

博物馆借助现实而丰富的情境，开发出许多场景化的沉浸式体验与互动课程，不仅能激发学习者五官感受、吸引其进行交互体验、开展社交，还能引导他们进行深度探究、激发学习潜能和提升认知。近年来，博物馆开始运用 VR、AR、MR 等技术，调控灯光、色彩、气味、场景和声音等环境变量，为学习者创设一个打破时间和空间局限的虚拟情境。虚拟情境能使学习者有"身临其境"的"在场感"，可增加生命体验和充实生活，得到更多的感悟。

2. 拥有信息资源优势

博物馆的藏品资源、实物资源和数字资源都包含了丰富的历史、文化、科学和艺术方面的综合信息，能够大大扩展学生们的知识面。博物馆也能结合学校书本知识，开展跨学科教育、生活教育等，提高他们发现问题、分析问题、解决问题的能力。博物馆还会对藏品资源进行数字化展示，并通过多媒体、现场讲解员、互动游戏等方式，为各个年龄层次的观众提供教育活动。

(二) 学校在教育方面专业性强

学校教育是目前世界范围内最普遍的教育培养形式,有专用场所、专业教师、特定的培养目标、管理制度、教学内容、教学计划等,以课程为载体,进行科学文化知识为主的学科智育,主要通过考试成绩和升学率来测评教学成果。但是,学校教育依托于教材,内容有限,虽然学习科目涉及传统文化、历史文明和科学技术等,但仍不能完全满足学生的求知欲。❶

那如何使博物馆的课程与学校课程结合起来,让博物馆课程的开设常态化、普及化,发挥更大的作用、影响更多的学生呢?答案是馆校合作!

馆校合作是指博物馆、美术馆、文化馆、图书馆、海洋馆等利用场馆丰富的资源,采用开放情境式教学方法,与学校在课程教育中共建共享、互惠互动的行为。馆校合作是让双方互补的有效方式。博物馆与学校建立合作关系后,博物馆课程能结合学校课程,在丰富学生的经验、提升他们的综合素养、滋养他们的心灵方面发挥越来越大的作用。

(三) 馆校合作下博物馆课程的优势

博物馆的教育功能能与学校教育更好地结合,作为学校教育的补充和延伸,能发挥更大的作用。

(1) 馆校合作下博物馆课程的开设能更加常态化、普及化,合作关系使双方能深入了解,使课程紧密符合学校的需要,课程实施能有计划地、按部就班地实施。

(2) 博物馆课程可以围绕学校的需求进行,教学目标紧密结合国家课程标准与学校的教学目标,在深度、广度上进行拓展,可巩固、加深课堂教学知识的掌握,也可完成课堂知识的迁移应用,与课程内容进行互补。

(3) 馆校合作下的博物馆课程更加体系化、规范化,双方深度参与的课程质量高,实施效果好,教学质量高。

---

❶ 屈鹏程.浅述博物馆社会教育与学校教育的有机结合[J].文物鉴定与鉴赏,2020(1):118.

二、馆校合作的历史与意义

博物馆与学校的合作最早可以追溯到 19 世纪晚期。1895 年，在曼彻斯特艺术博物馆委员会的推动下，英国修正了《学校教育法》，将学生参观博物馆纳入制度轨道，并将参观时间计入学时。而这些都集中记录在《博物馆与学校：公共博物馆与公共教育机构不断增加的合作可能性备忘录》中，该备忘录回顾了同时代博物馆与学校合作的情况，还列举了一些成功的实例，并期望能在今后增加学校与博物馆的合作。这是明确可查的博物馆与学校合作关系的记录。

自 20 世纪以来，馆校合作成为博物馆发展的重要趋势。20 世纪 40 年代，学校儿童的教育已经成为很多美国博物馆关注的主题，这些博物馆尝试和地区内的学校进行合作，内容形式不一而足。20 世纪 60 年代前，馆校合作的主要形式为简单的参观访问、资源外借等较为初级的形式。20 世纪 60 年代后，美国有近半数的美术馆于馆内设立专门的教育部门，且与各级学校建立教育上的合作关系。在美国有超过 90% 的博物馆针对学校提供服务，发展迅速。馆校合作逐渐深入，先有博物馆进驻学校课堂开展校外服务，后发展有博物馆与学校共同建设课程。20 世纪 80 年代晚期，博物馆和学校的合作进入一个相对成熟的阶段。以英国为例，在国家层面，其 1988 年以"国家课程"的形式明确指出了博物馆教育和学校课程的可能合作。人们在强调学校课程的最终目的和加强课程建设的过程中逐步发现博物馆和学校合作的潜在价值。教师们开始真正将博物馆馆长、历史学家和科学家当作自己的同行。"博物馆馆员见证了一线教师对于从资源文化中进行学习的热情，并且他们确实开始行动起来了。"

从 20 世纪 90 年代开始，博物馆和学校用一种新的视角考察两者的合作："随着博物馆教育部门的成熟和学校系统对于如何借助博物馆教育来帮助学生的深入理解，两者开始非常重视如何进行正式的有效合作。"在 90 年代早期，博物馆教育工作者开始开发一些与学校教学紧密联系的教育项目，博物馆教育功能的成熟也正是从这种项目开始的。1991 年，英国学校团体参观博物馆的人数已达到 750 万人，而博物馆方亦根据国家课程标准制定了诸多教育手册，针对不同学龄儿童设计活动手册，与学校各课程相连接，并提供教师使用。例如，英国维多利亚与艾尔伯特博物馆配合"艺术与设计"国家课程，开发出适合不同阶段学生的学习活动手册。在1999年，超过80%的博物馆观众为学校团体。❶ 博物馆和学校开始真正地为实现既定的目标合作，并为如何满足课程及学校教师教学的需要做进一步探索。此后，针对学校教育设计的博物馆项目都在稳定地上升。与此同时，只有23%的博物馆会给学校教师提供印刷或者电子的教育资源，但有71%的博物馆会与学校的课程设计者进行合作。

21世纪，馆校合作这种形式已经风靡全球，博物馆的教育课程也广泛受到了学校和家长的认可。

博物馆与中小学教育相结合，能够产生如下意义。

首先，加强学生的基础知识，扩展他们的知识面。博物馆的实物蕴含着丰富的历史文化知识，这些知识通过藏品的方式呈现，与学校的书本知识有交叉和共通，在博物馆教育工作者的阐释下，能大大扩展学生的知识面。

其次，开发和拓展学生的个性和特长。博物馆为学生提供自由的学习环境，学生可以选择自己感兴趣的内容，尝试多种学习方式，有助于激发学生的学习潜能和促使其持续学习，从而对学生的心智成长起到潜移默化的影响。目前，不少博物馆的青少年教育活动已经形成了品牌，如"手工坊""文创设计""考古小使者""小小讲解员"等，从不同角度培养学生的兴趣和特长，影响学生的态度情感与价值观，具有很大的育人价值，有助于青少年的精神成长。

最后，培养和提高学生的核心素养。对于博物馆教育的目标而言，核心素养的培养是最重要的，这包括人文沉淀、人文情感、审美情趣、自我探究、问题解决和国家认同六个方面。在向中小学生传递优秀的传统文化、传授知识、培养审美情趣的基础上，博物馆的教育活动还通过观察、体验和动手实践等方式，培养他们的协作精神、实践能力和健康人格。学生还可以领悟社会主义核心价值观，增强对中华文明的认同感，以及增强文化自信和社会责任感。

---

❶ 宋娴,孙阳.西方馆校合作:演进、现状及启示[J].全球教育展望,2013(13):103-104.

三、馆校成功合作的关键性因素

馆校合作教育模式利用博物馆丰富的资源，采用开放情境式的教学方法，旨在实现更好的体验和认知效果。博物馆和学校成功合作的关键因素如下。

（一）保持畅通的交流沟通

在博物馆和学校的合作中，交流与沟通至关重要。馆校之间建立正式、长期、友好的合作，需要建立双方认可的合作机制，双方都清楚地表达自己的意愿与想法，拟订好计划，若有变化或变动，随时商量解决。另外，博物馆和学校虽然已经建立了合作关系，但是如果没有持续的分享、沟通和相互学习，仍然会影响到课程效果。

（二）组建一个团队

博物馆和学校应该组建一个课程团队，至少要包括学校的老师、博物馆教育工作者，还可以邀请相关专家，一起商量、讨论博物馆课程的策划、实施、评价等事宜，使其更好地适合学校和学生。因博物馆课程可能会涉及多学科，在具体合作时可以邀请多学科的老师参与进来，将学校的学科教育与博物馆教育充分结合起来，使博物馆课程能真正打通学科间的知识壁垒，以充分发挥博物馆在不同情境中提升学生综合素养的作用。博物馆教育工作者则可以包括策展人、博物馆研究人员、讲解人员、施教人员及志愿者，志愿者作为社会力量，可以参与博物馆课程的策划、实施。此外，专家的指导则影响着课程的深度、广度、效度和高度，从顶层设计上给课程提出可行性建议。经过这样一个课程团队的打造，博物馆课程才能真正做到适合化、规范化和体系化。

（三）博物馆教育从"馆"本位向"生"本位转变

深度学习是全新教育理念和学习方式变革的标志，对博物馆跨学科学习课程资源开发具有重要价值和指导意义。基于深度学习内涵研究，博物馆教育可以深入探究学生的主体需求，提高其主动探索知识的能力，从而达到促进人的全面发展的目的。深度学习理论的引入推动博物馆教育从着眼于博物馆自身的"馆"本位向着眼于学习者的"生"本位转变。博物馆跨学科学习课程资源开发要根据学生学习需求将不同学科知识进行逻辑化，使各个学科知识联通起来，打造知识信息区域模块，从而推进学习者对主题的深度学习。

（四）聚合和利用各种社会资源

博物馆通过互联网等媒介进行跨界融合和资源共享，这是未来博物馆教育发展的必由之路。聚合型媒介如"互联网+人工智能"等，能够高度集成和虚拟化博物馆教育资源，打通博物馆之间的壁垒并提供数据资源库，实现"馆馆相通"，为多学科学习课程资源开发提供帮助。同时，博物馆还可以和社会各领域的各单位合作，共建共享资源，丰富教育资源，满足学校跨学科学习需求。

四、馆校合作的主要类型

（一）参观访问

参观访问是最传统的博物馆和学校的合作形式，同时是相对最频繁、最常见的馆校合作形式。一般是学校团体在教师的组织下，在博物馆内进行参观形式的教学合作。相比较于其他形式，参观访问可以最大限度地利用博物馆的资源优势，并可以使得学生群体更加直观地感受、操作、探索，博物馆教育者可以根据学校的要求进行定制式讲解。

（二）校外服务

博物馆的校外服务是从 20 世纪 60 年后兴起的馆校合作形式，地点位于学校内，将传统的博物馆空间延伸到了学校，由博物馆人员进驻课堂授课，体现了博物馆教育职能的辐射作用。例如，美国 20 世纪 90 年代兴起的"进行中的博物馆"计划。

(三) 教师专业发展

这个方式是围绕学校教师展开的，为他们提供专业仪器，指导他们充分利用博物馆资源，进而帮助学生解析博物馆内的藏品和展示。此外，除了合作的学校老师，还包括合作的大学研究机构老师，博物馆也会为他们提供专业发展的空间。

(四) 博物馆学校

博物馆学校是美国博物馆独有的一种深层次馆校合作形式，在某种程度上，它是博物馆和学校的融合。其最早起源于纽约州1990年左右的布法罗科学博物馆与明尼苏达科学博物馆学校，随后纽约、圣地亚哥、巴拿马城等地均出现相关博物馆学校。博物馆学校的活动途径有三种，分别对应博物馆的三个层次：创造展品、创造展览和创造博物馆。这种方式可以看到约翰·杜威的学校理念，即学校涵盖了博物馆，同时学校和社区之间是一个统一的连续体，"做中学"是其中最核心的理念。

(五) 区域和国家层面的馆校合作

传统的馆校合作大多处于学校和博物馆之间自我谋划的状态，一般不具备普及性，同时资源的使用也很难在整体范畴内协调。为了弥补这种缺陷，近年来一些地方部分开始尝试整合区域内部的资源，兴起了一种新型馆校合作形式——区域内部合作形式。美国纽约市2004年就开展了一个名为"城市优势"（Urban Advantage）项目，该项目是由纽约市议会资助，美国自然历史博物馆联合纽约市教育局及其他文化及教育机构，以支持初中科学探究教学的教育项目。项目面向纽约市的公立教育系统，目标是通过培训教师，为学校、家庭提供丰富的校外资源，最终帮助中学生更好地完成科学探究项目的学习。此外，该项目还进行了示范学校计划以及完整项目评估，并将馆校合作的触角进一步延伸到家庭，真正实现了区域内资源的普及性及有效利用。

五、馆校合作所面临的挑战和难题

目前,馆校合作也出现了一些问题,需要引起我们高度关注。

(一) 馆校合作受经费限制

国内博物馆与学校合作的一大挑战在于资金问题。博物馆在发展过程中受政府支持力度较大,存在资金匮乏、专业管理人员缺乏等问题。博物馆的教育活动和项目只是对学校教育的一种补充,其合作情况主要取决于财政预算,如果这部分的预算被砍掉,也就没法继续合作。博物馆虽然是一个非营利性机构,但可开动脑筋,通过售卖文创纪念品、组织观影等活动增加博物馆的创收,确保博物馆除了政府支持、社会捐赠之外资金充足。

(二) 许多博物馆对社会教育职能的重要性认知不足

博物馆展览信息的发布时效性、准确性不够,一些展览和活动内容与学生的兴趣和需求不相符,或者与学校的教学内容结合不够紧密;教育方式单一,形式胜于效果,资源的教育功能发挥不足,教育效果不尽如人意;博物馆在教育的人力、物力和财力上投入不足,部分博物馆忽视对未成年人思想道德建设的引导作用,博物馆的教育价值并未得到充分挖掘和体现。教师常常抱怨,他们未能及时获取博物馆所提供的各种资源的最新更新和价值评估,而博物馆教育工作者感到自己处于博物馆教育和学校教育之间的夹缝中,难以找到一条通往知识殿堂的道路。

(三) 有效可行、长期可推广的馆校合作机制有待建立

在考察博物馆和学校的合作关系时,马丁·迪克斯(Martin Deeks)发现,仅有9个项目真正实现了博物馆和学校的力量整合,而其余项目则由博物馆自行发起并实施。[1] 博物馆与学校之间缺乏一种长期有效的合作协调机制,而这种机制的缺失又使博物馆的教育功能难以发挥出来,博物馆和学校之间尚有大量潜在的合作机会未得到充分利用,需要进一步探索和挖掘。

---

[1] 宋娴,孙阳.西方馆校合作:演进、现状及启示[J].全球教育展望,2013(12):105.

博物馆教育项目本身就是一个特殊的产品类型，这就决定了其面向学校的产品开发必须要有针对性地进行。博物馆与学校应当建立一整套包括课程开发、实施、绩效评估、交流沟通、管理服务等在内的机制，提高博物馆教育的针对性、实效性，真正实现1+1>2的效果。

（四）博物馆服务模式需要转变

博物馆的服务理念、服务模式决定了馆校合作关系能否稳定发展。博物馆应该提供符合标准、令人满意且卓越的服务，以更好地满足学生的需求。首先，要从被动型服务转向主动型服务，从消极接待服务转化为积极提供服务，从浅层的一般性服务转化为深入的针对性服务，实现从提供菜单供给式服务到根据需求提供有针对性的点菜式服务的转变。博物馆要以研究合作学校的老师及学生的需求，不断改进和优化自己，以促进人的全面发展为目标，积极提升服务质量和社会教育效果。

（五）发展模式需要转变

目前馆校合作主要局限于两个单位之间的合作，但在长期合作中，会存在课程老旧、形式不吸引人等现象。博物馆可以考虑与社会文化机构、行业优秀单位等各种社会资源联合，或者与学区内的文化、教育资源联合，共享资源，从横向、纵向上挖掘利用资源，并和学校学生的积极需求相互融合，从而保持其社会教育常有常新，提供多元知识信息和精神动力。

六、馆校合作未来的发展趋势

未来馆校合作将呈现蓬勃发展的态势。

（一）博物馆的综合实践课程热度依然

随着社会发展，博物馆作为一种新型教育资源已受到世界教育领域的认可。尤其是博物馆的综合实践课程，与校内资源相互衔接，为学生提供了丰富的校外实践课程、多元化的学习机会，有助于学生学习丰富多样的文化资源、感受历史文化内涵、提高实践能力和问题解决能力。未来，博物馆工作人员仍将发挥博物馆资源优势，与学校教育有机融合，以博物馆为载体进行综合性学习、探究式学习、体验学习等。

(二) 网络教育资源将快速发展

近年来，随着互联网技术的快速普及，博物馆网络教育资源的开发、应用取得了一些成绩。我国就发布了《关于利用博物馆资源开展中小学教育教学的意见》，明确提出："加强博物馆网络教育资源建设……利用现代信息技术建立本区域网上博物馆资源平台和博物馆青少年教育资源库，促进与中小学网络教育资源对接，扩大博物馆教育资源的覆盖面。"目前，"网络+博物馆课堂"的教学模式已经广被接受，而随着人工智能的发展，博物馆日益智能化，网络博物馆教育、博物馆智能化资源及教育将成为未来馆校合作的一大组成部分。

(三) 合作向横向、纵向、多维发展

随着对馆校合作研究的深入，馆校合作的更多机会将被挖掘出来，从横向、纵向、多角度、多层次进行广泛合作。博物馆将打造更多、更具特色的教育品牌，以多样化、创新性的教育项目为基础，并实现教育项目策划和实施的"分众化、一体化、衍生化"目标，从而高效地整合博物馆教育资源，全方位地挖掘利用博物馆资源，让它在中小学教育中充分发挥其优势和效用。

第七章 博物馆教育评估

欧美博物馆普遍重视教育项目的评估工作，很多博物馆建立了一整套教育评估体系。比如，美国史密森博物院、波士顿科学博物馆等通过一系列具体、可度量的指标来评估博物馆的整体教育情况。英国国家博物馆馆长委员会、伦敦博物馆团体、英国观众协会还曾于2012年联合发动"分享评估"活动，号召英国博物馆界同行通过博客的形式分享各馆评估、观众调查及相关研究项目中的经验和结论，共同探讨博物馆评估的价值与挑战。我国已经制定了关于博物馆的整体评估体系，2008年制定了《全国博物馆评估办法（试行）》《博物馆评估暂行标准》，在《评分细则表》中，"教育项目"所占的分值也越来越高。但是，尽管国内的博物馆日益重视教育项目的评估工作，但如何进行长期、科学、有效的评估，以及在评估主体、评估模式、评估设计、评估操作、评估报告等方面还处于探索阶段。博物馆的教育评估工作对于教育工作的提高发展、教育职能的完成及成功与否甚至实现博物馆的卓越追求及可持续发展至关重要。我们要思考每个环节，形成一个科学的评价体系，有效解决我国博物馆评估标准和评估体系的缺失问题。

第一节　对博物馆教育评估的目的

博物馆教育评估是指对博物馆的社会教育进行定量分析和价值判断的过程。对博物馆教育的项目进行评估是非常必要的，可以为博物馆教育工作效果的提高和持续保持良好发展提供参考依据，具体来说有以下几点。

（1）评估教育成效：博物馆教育项目的成果一般表现为提高能力、拓展兴趣、丰富经验等隐性因素，这样的隐性因素不通过评估无法了解博物馆的教育是否达到了预期的效果，如提高参观者的知识水平、激发他们的兴趣爱好等。通过评估可将这些隐性因素进行量化；通过评估结果，博物馆可以了解哪些方面需要加强或改进，以进一步提高教育效果。

（2）确定优化方向：评估可以发现教育活动中存在的问题和不足，帮助博物馆确定优化方向。例如，如果评估结果显示参观者在某个展示区域停留时间较短，可能是因为该区域的展示内容没有引起参观者足够的兴趣。博物馆可以考虑调整展品陈列方式、增加互动元素等来吸引参观者的注意力。

（3）提供改进建议：评估可以提供具体的改进建议，帮助博物馆进一步完善教育活动。例如，在进行访谈时，参观者提出了建议，如增加更多的视听元素、提供更丰富的资料、增加更多的工具辅助教学等，这些建议可以为博物馆在下次开展教育活动时提供参考。

（4）为决策者提供参考意见：评估可以为博物馆决策者提供数据支持和参考意见，帮助他们制定更加有效的教育策略和规划。例如，评估结果显示大部分参观者对某个教育活动不满意，博物馆可以考虑重新设计该活动或在下一次活动中进行改进。

总之，对博物馆教育工作的效果和质量进行综合的评估，有利于实现教育过程及决策控制的优化，也有利于实现教育的健康发展和保证教育成效。

第二节 教育评估主体

虽然博物馆教育项目的主体是教育工作者和教育对象，以前博物馆开展教育评估主要是对教育对象采取观察、问卷调查、访谈等方式进行，然而，博物馆教育属于非正式的社会化教育工作，多主体、多角度的评估有利于收集各方面的信息，提高评估系统的科学性，具体来说有以下几个评估主体。

（1）参加者：博物馆教育评估的重要主体，他们参加教育活动的反应和评估是评估的核心。参加者可以通过填写问卷调查、参与访谈等方式向博物馆提供有关教育活动的反馈意见。

（2）教育者：是指为参观者提供教育服务的博物馆工作人员，他们可以根据参加者的反馈意见和评估结果，进行有针对性的改进和改善。

（3）决策者：是指博物馆管理层和领导，他们会站在更高的角度和从更广的视野上考虑和评估教育工作，从而制定更好的教育策略和规划。

（4）学者专家：是指相关领域的研究人员，他们可以以独立的、学术性的视角来评估博物馆的教育活动，提出专业性的建议和意见。

不同的评估主体具有不同的特点，也有人根据主体的不同将评估分为内部评估和外部评估。

（1）参加者：作为教育评估的核心，他们的评估反映了教育活动的实际效果和影响。参加者评估具有直接性、客观性和真实性等特点，是教育评估的重要依据。

（2）教育者：了解教育活动的详细情况，可以通过观察和互动得到更多的反馈信息，他们的评估可以提供教育活动内部运作的细节和难点。

（3）决策者：博物馆管理层需要考虑到不同利益相关方的需求和期望，以制定合理的发展策略和规划。因此，决策者的评估需要综合考虑各方面的因素，包括效益、成本、社会效应等。

（4）学者专家：具有独立性和专业性，能够从学术角度来评估博物馆教育活动的质量、影响力和创新性等。他们的意见和建议具有较高的权威性和可信度。

在评估工作中,要综合这几个主体的评估,并每个主体确定一个占比,侧重于教育者和参加者的评估,同时考虑决策者和学者专家的评估和建议。

第三节 博物馆教育评估的设计与实施

美国教育家布卢姆将认知过程具体化为六个教育目标,即记忆、理解、应用、分析、评价和创造,并进行了二维分类,其中记忆、理解、应用是低阶思维,是较低层次的认知水平,主要用于学习事实性知识或完成简单任务的能力;分析、评价和创造为高阶思维,是发生在较高认知水平层次上的心智活动或认知能力。高阶思维是高阶能力的核心,主要指创新能力、问题求解能力、决策力和批判性思维能力,如图7-1所示。

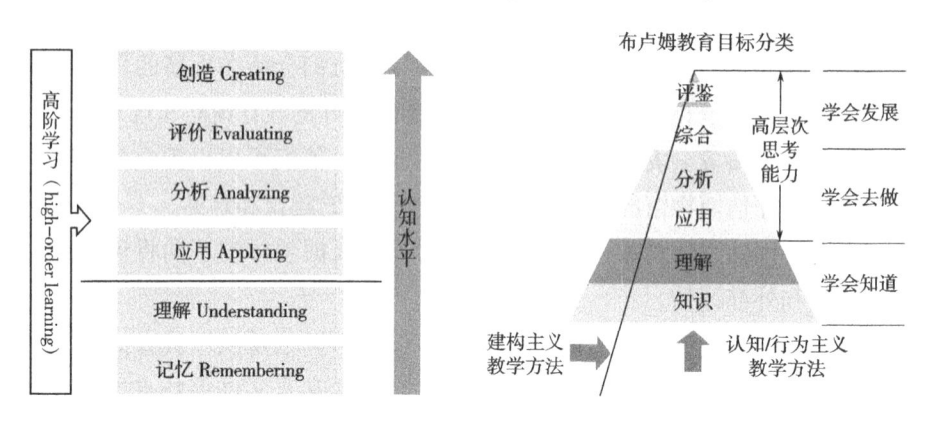

图7-1 布卢姆教育目标分类

[图片来源:沈之菲. 提升学生创新素质的高阶思维教学[J]. 上海教育科研,2011(9):35]

根据布卢姆对认知的划分,"记忆、理解、应用"主要解决的是"是什么"的问题,"分析、评价和创造"主要解决的是"为什么"和"怎么做"的问题。高阶思维能力的转向,要求有问题意识、分析转向、评价转向和探究转向。孔子说:"学而不思则罔,思而不学则殆。""学"与"思"是辩证统一的关系,"学"是"思"的基础,"学"能引导"思","思"也能促进"学","思"能促进高阶思维的发展。

博物馆教育评估工作是一个综合体系，是博物馆教育工作者、教育对象等共同思考"怎样才是好的博物馆教育"的问题。一方面，要想很好地得到各方面的反馈，首先要开展好教育评估设计工作，教育评估设计的质量高低从一定程度上决定了评估工作的完成效果；另一方面，评估工作本身就是一种反思总结，能促进高阶思维的发展，在评估设计时也要考虑这一方面的作用。

一、步骤1：确定评估对象、评估方法

博物馆的教育工作内容丰富，形式多样，那么博物馆教育评估工作也要注意适切、灵活，有时候具体情况要具体分析。

博物馆教育评估的对象，包括博物馆教育工作者和博物馆教育项目两个内容。

目前，参与博物馆教育工作的人有博物馆专职教育工作者、讲解员、指导专家及志愿者，对教育工作者的评估是博物馆教育评估工作的基础和重要组成部分。我们可以从道德素养和业务水平对教育工作者进行评估，道德素养的评估可以参照《国际博物馆协会职业道德准则》的相关规定，业务水平主要从教育活动的策划、实施过程、教育效果、目标实现情况等进行评估。博物馆教育项目的评估是核心，评估参与者在项目后兴趣、知识、行为、态度、价值观等方面受到的影响，以及他们的学习效果、参与度、整体评价、满意度、意见等。

至于评估方法，总的来说，有质性评估和量化评估两种，访谈法就属于质性评估，问卷调查方法中可以设置一些量化的问题，获得量化数据。孔利宁等认为教育评估可从学习效果、观众参与度和满意度三个方面对教育活动实施量化评估。还有的根据评估时间采用项目前预评估、项目中评估和项目后评估。此外，还有形成性评估和总结性评估。形成性评估通常用于执行设计阶段，以观察、访谈或问卷方式了解观众对于新活动的反应与想法，测试并设法确保达到既定的沟通效果。总结性评估是成效评估，主要了解观众参与活动后得到的经验与收获，或作为反思总结的参考资料。

二、步骤2：确定评估指标

传统的学校学习将学习结果划分为知识与技能、过程与方法、情感与态度三方面，而博物馆学习结果的评价因其学习方式非正式性、学习对象的复杂性、学习内容广泛性、学习结果多元性（包括态度、价值观、情感、行为、信念等）以及博物馆本身种类多样而难以制定一个标准化的、统一的指标。但博物馆应该先界定本身的学习成果指标，才能提供良好的学习机会与资源。

博物馆界因为博物馆类型多样，以及具有学习方式的非正式性、教育对象复杂、教育内容庞杂、教育效果难以精确等而无法制定一个标准化的、统一的指标，但是，博物馆仍然应该针对教育项目构建一套科学的评估指标体系，涵盖项目前期、中期和后期整个过程。

美国国家研究委员会科学教育委员会发表的《非正式科学教育项目评估框架》中将有关博物馆展品展项的学习结果总结为知识、参与程度、态度、行为、技能五个方面。另外，美国科学基金会研讨了非正式教育计划影响评量架构，将博物馆学习成果影响分为长期的记忆，持续的知识、态度、行为的改变，短期的理解及初步的知识、态度、行为的改变。周婧景、陆建松提出了包含七项内容的评估指标体系，包括项目目标、准备、内容、过程、情感态度、效果和教师志愿者态度这七个大项，每个大项下面设置一些小项，并列出了单项标准和评估方式，见表7-1。郑念等则认为科技馆常设展览具有开放性、趣味性、综合性、互动性特征，据此构建了包括教育效果、吸引力、社会效果三项内容的评估指标体系，其中，教育效果项设置了学习效果、展品与展览设置以及体验效果三个方面。严建强提出博物馆应设置专家和参与者两重评估体系。专家用三大指标进行评估：历史文化资源效益最大化、展品资源效益最大化、事实和现象的科学性；参与者的评价指标则包括好看、看得懂、获得启发和感悟。

王楠、郭朝晖提出通过德尔菲法确定评估体系的各级指标后，还要运用层次分析法对各层级指标进行权重计算，最终确立出以学习实验室为例的博物馆学习项目评估体系，如图7-2所示。

博物馆建构教育项目评估体系，可以借鉴参考国内外博物馆的经验，根据自身的特色，研磨出一套适合的、科学的评估体系。

表 7-1　项目内容的评估[1]

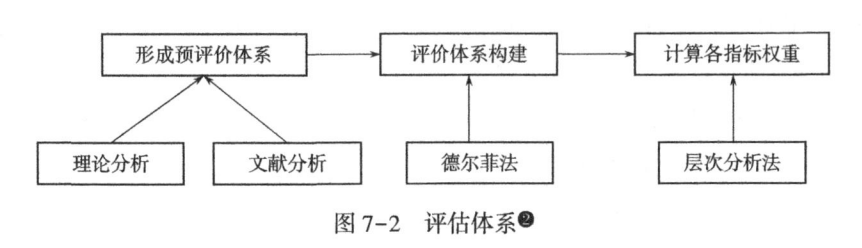

评估指标	单项标准		评估方式
项目内容	内容设置合宜	围绕项目目标，难度适当，重点突出，时间合理	项目前、中期
	结合本馆特色	建立在馆藏资源基础上，以弘扬传统文化、科技文明等	项目前、中期
	内容适合未成年人	内容有趣、新颖，符合未成年人发展需要和认知水平，有一定挑战性	项目前、中期

图 7-2　评估体系[2]

三、步骤3：设计评价量表或调查问卷

综合上面两步的成果，然后采用开放式问题或表格、图形等方式制作成评价量表或调查问卷，并简要列出作答指导、评分标准、评估目的等，以便评估者能明确和认可评估的目的。

四、步骤4：评估的实施

博物馆教育评估的实施包括实施时间、步骤、如何实施、过程中的注意事项等要点，使用的基本方法主要有抽样调查法、观察法、访谈法和问卷法等。无论采用何种方法，都要保持评估的客观性和有效性，使评估结果能如实反映博物馆教育的情况，并能对后续的博物馆教育产生积极的影响。

---

[1] 周婧景,陆建松.博物馆未成年人教育项目评估研究[J].东南文化,2015(2):122.
[2] 王楠,郭朝晖.博物馆学习项目评价体系构建研究——基于博物馆学习实验室的探索[J].电化教育研究,2017(11):96.

参考文献

[1] 徐智慧.浅谈博物馆文物陈列[J].中文学刊,2009(10):93-95.

[2] 单霁翔.从"馆舍天地"走向"大千世界"——关于广义博物馆的思考[M].天津:天津大学出版社,2011:117.

[3] 陈曾路.博物馆里的"微革命"——"博物馆志愿者"的现状和未来[J].中国博物馆,2012(3):12-19.

[4] 耿超.博物馆学理论与实践[M].北京:科学出版社,2018:115.

[5] 耿超.博物馆学理论与实践[M].北京:科学出版社,2018:120-121.

[6] 陈琴.国内外博物馆旅游研究综述[J].旅游学刊,2004(3):15-21.

[7] 宋向光.物与识——当代中国博物馆理论与实践辨析[M].北京:科学出版社,2009:459.

[8] 宋向光.物与识——当代中国博物馆理论与实践辨析[M].北京:科学出版社,2009:391.

[9] 吴镝.美国博物馆教育与学校教育的对接融合[J].博物馆教育,2011(5):125-127.

[10] 马祥贞.新时代博物馆社会教育:挑战、优势与实施路径[J].社会教育,2019,35(2):88.

[11] 徐芳,黄深.博物馆在青少年综合素质评价体系建设中的权重关系[J].教育论坛,2016(1):76.

[12] 雷-安妮·斯特拉德斯基.世界各地儿童博物馆概览[J].博物院,2008(3):9.

[13] 冯丽娜.试论博物馆教育职能的发展[J].教育理念,2012(6).

[14] 韩真冲.论博物馆教育的特征和教育途径[J].遗产与保护研究,2021(5):103.

[15] 曹雅洁.保障儿童的教育利益:布鲁克林儿童博物馆的空间建构[J].教育导刊,2022(4):65.

[16] 汤成霖,霍力岩.跨越百年的美丽:世界儿童博物馆发展史略[J].中国博物馆,2011(7):20.

[17] 曹雅洁.保障儿童的教育利益:布鲁克林儿童博物馆的空间建构[J].教育导刊,2022(4):65.

[18] 汤成霖,霍力岩.跨越百年的美丽:世界儿童博物馆发展史略[J].中国博物馆,2011(7):23.

[19] 汤成霖,霍力岩.跨越百年的美丽:世界儿童博物馆发展史略[J].中国博物馆,2011(7):23-24.

[20] 曹雅洁.保障儿童的教育利益:布鲁克林儿童博物馆的空间建构[J].教育导刊,2022(4):66.

[21] 汤成霖,霍力岩.跨越百年的美丽:世界儿童博物馆发展史略[J].中国博物馆,2011(7):24.

[22] 黄雪丹.博物馆儿童教育工作的现状与展望[J].儿童教育工作,2022(8):224.

[23] 杨宽.博物馆该怎样"博"[N].中央日报,1946-10-27.

[24] 宋向光.博物馆教育性展览的特点及相关问题[J].哲学与人文科学,1999(1):45.

[25] 霍华德·加德纳.多元智能[M].北京:新华出版社,1999.

[26] 陈卫平,张美英.建构主义在自然类博物馆的陈列设计中的应用[J].中国博物馆,2004(1):53-55.

[27] 杨秋.杜威"从做中学"的理论内涵对我国博物馆教育的启示[J].科技传播,2011(5):64-65,58.

[28] 王婷.博物馆教育活动的课程化[J].教育与博物馆,2020(3):158-193.

[29] 阮敏燕."双减"背景下博物馆教育资源课程化路径探究[J].文物鉴定与鉴赏,2022(8):82-83.

[30] 陈时见,文可义.综合实践活动(教师用书)[M].南宁:广西科技出版社,2001.

[31] 王道俊,郭文安.教育学:第7版[M].北京:人民教育出版社,2016:121.

[32] 刘逢秋.博物馆儿童教育课程开发的思考[J].哲学与人文科学,2020(9):234.

[33] 柏安茹,王楠,马婷婷,等.我国博物馆教育课程设计现状及发展趋势[J].电化教育研究,2017,38(4):88.

[34] 汪霞.课程设计的几个基本问题[J].教育理论与实践,2011(11):56.

[35] 郑春夫.教学与管理(小学版)[J].教学与管理,2014(8):5-6,9.

[36] 刘逢秋.博物馆儿童教育课程开发的思考[J].博物馆儿童教育,2020(9):235.

[37] 杨俊丽,李广著.基于跨学科学习的博物馆课程资源开发逻辑理路[J].社会科学,2022(4):31.

[38] 汪霞.课程设计的几个基本问题[J].教育理论与实际,2001(11):58.

[39] 白府正.我国高等教育分众化的经济意义[J].中国高等教育,2009(8).

[40] 黄旭茹.博物馆教育活动管理研究——以中国闽台缘博物馆为例[J].文化教育,2015:42.

[41] 郭庆光.传播学教程[M].北京:中国人民大学出版社,2011.

[42] 黄淑芳.现代博物馆教育:理念与实务[M].台北:台湾省立博物馆,1997:10-32.

[43] 屈鹏程.浅述博物馆社会教育与学校教育的有机结合[J].文物鉴定与鉴赏,2020(1):118.

[44] 宋娴,孙阳.西方馆校合作:演进、现状及启示[J].全球教育展望,2013(13):103-104.

[45] 宋娴,孙阳.西方馆校合作:演进、现状及启示[J].全球教育展望,2013(12):105.

[46] 周婧景,陆建松.博物馆未成年人教育项目评估研究[J].东南文化,2015(2):122.

[47] 王楠,郭朝晖.博物馆学习项目评价体系构建研究——基于博物馆学习实验室的探索[J].电化教育研究,2017(11):96.